Dieses Buch
widmen wir unserer Tochter
Sophia Maria Purusha

© 2015 ZS Verlag GmbH
Türkenstraße 9
D-80333 München

ISBN: 978-3-89883-494-0
1. Auflage 2015

Projektleitung	Alexandra Gudzent
Rezepte & Texte	Judith und Surdham Göb
Redaktionelle Mitarbeit	Katja Mutschelknaus
Lektorat	Regina Rautenberg
Grafische Gestaltung	Irene Schulz
Fotografie	Oliver Brachat
Fotoassistenz	Steffi Neff
Herstellung	Peter Karg-Cordes
Producing	Jan Russok
Druck & Bindung	L.E.G.O., Vicenza

Die ZS Verlag GmbH ist ein Unternehmen der Edel AG, Hamburg.
www.zs-verlag.com | www.facebook.com/zs-verlag

VEGANE
POWER-DRINKS

INHALT

POWER-DRINKS VOM POWER-TEAM

Als Surdham und Judith mir erzählten, dass sie gesunde, vegane Rezepte für Power-Drinks kreieren, ahnte ich schon, dass da jede Menge Überraschungen drin sind. Ich arbeite schon eine Zeit mit den beiden zusammen, und wer Surdham kennt, weiß, dass die kreativen Ideen nur so aus ihm sprudeln. Als meine Mitarbeiterin Steffi und ich Surdhams und Judiths Drinks fotografierten, waren wir begeistert. In der heißesten Woche des Jahres, im Juli, haben wir vier es geschafft, in nur acht Tagen das komplette Buch zu fotografieren. Das ist Rekord. Und dabei probierten wir natürlich jedes einzelne Rezept und fanden alle Drinks sensationell!

Nur: Wirklich überraschend ist das nicht. Nicht für mich! Ich kenne Surdham schon seit drei Jahren. Aus unserer Zusammenarbeit ist inzwischen eine richtige Freundschaft geworden. Surdham ist ein ganz besonderer Mensch. Lustig und charismatisch, mit einem unerschöpflichen Schatz an Erfahrungen und Ideen und arbeitstechnisch hochprofessionell. Er ist Veganer aus tiefster Überzeugung und richtet sich dabei nicht nach dem Zeitgeist. Es käme ihm nie in den Sinn, andere zu bekehren. Er lebt es einfach vor – überzeugend und entspannt.

Seine Frau Judith ergänzt ihn perfekt. Die beiden passen zusammen wie Sonne und Meer, Topf und Deckel. Judith ist offen und gut gelaunt. Eine starke Persönlichkeit. Als Team strahlen beide viel positive Energie aus, und das macht die Zusammenarbeit mit ihnen so inspirierend.

Aber vor allem macht es ihre Rezepte so überzeugend! Ob erfrischend oder angenehm wärmend, ob fruchtig, cremig oder anregend mit Kaffee – ich habe jedes einzelne Rezept ausprobiert. Und finde alle: stark!

Oliver Brachat

Was bedeutet gesund sein? Auf diese Frage hat wahrscheinlich jeder seine ganz persönliche Antwort. Was aber für uns alle zutrifft, ist, dass die Ernährung eine große Säule für unser Wohlbefinden auf allen Ebenen darstellt. Aber auch bei diesem Thema gibt es individuelle Unterschiede. Bleiben Sie also wachsam, wie einzelne Nahrungsmittel und ihre Kombis auf Ihren Körper wirken. Folgen Sie nicht stur einer der vielen Konzepte, sich zu ernähren. Auch wenn jedes Einzelne für sich wunderbar sein kann, muss es für Sie nicht die richtige Wahl sein.

TRINKEN SIE SICH FIT & GESUND

VITAMINE AUF DIE SCHNELLE

Nie war gesunde Ernährung so wichtig wie heute! Unsere Zeit ist knapp, der Stresslevel hoch, und dabei bleibt die Gesundheit oft auf der Strecke. Da kommen unsere Drinks genau richtig. Im Nu zaubern wir damit gesunde Power-Booster – voller Vitamine, Mineral- und Ballaststoffe, Spurenelemente und Antioxidantien direkt aus der Natur.

TÄGLICHER FRISCHEKICK

Alle Zutaten für unsere Drinks sind fast ausschließlich frisch (ergänzt zum Beispiel durch hochwertige Superfood-Pulver), sodass wir unserem Körper viel Kraft und Gesundheit schenken können. Nicht zu vergessen ist aber, dass die Seele die Ruhe und Präsenz des Augenblicks braucht. Daher ist es nicht ratsam, alle seine Mahlzeiten aus dem Mixer zu „essen".

VEGAN GENIESSEN

Albert Einstein meinte einmal, dass nichts so sehr die Chance aufs Überleben steigert wie der Schritt zur vegetarischen Ernährung. Wir finden dieses Zitat wundervoll! Konsequent vegan zu leben hat weitreichende, positive Auswirkungen auf unsere Umwelt. Ein Beispiel: Für ein Kilo Schweinefleisch werden 10 000 Liter Wasser verbraucht. Für ein Kilo Tomaten dagegen nur 90 Liter – 100-mal weniger!

GESUNDE SUPERFOODS

Superfoods sind in aller Munde und wunderbare „Zaubermittelchen", die von den Urvölkern schon seit Jahrtausenden zum Wohlbefinden angewendet wurden. Sie sind reich an wertvollen Inhaltsstoffen, die unser Körper braucht (mehr auf Seite 18).

FRISCHE WILDKRÄUTER

Wildkräuter sind regionale „Superfoods", die direkt vor der Tür z.B. in unseren Gärten wachsen. Sie sind saisonal und vollgepackt mit wertvollen Nährstoffen. Bei Wildkräutern sollte man auf Verwechslung mit giftigen Pflanzen achten – wir haben bewusst nur Pflanzen verwendet, die keinen giftigen Doppelgänger haben.

BIO, REGIONAL & SAISONAL

Bio oder nicht? Für uns keine Frage! Wir setzen Bioprodukte für unsere Rezepte schlicht voraus. Pestizide, Fungizide und Insektizide gehören definitiv nicht auf unseren Speiseplan. Und auch nicht ins Glas! Saisonale und regionale Produkte sind überdies besonders frisch und vitalstoffreich.

GESUNDHEITS-BENEFITS

— Die Drinks am besten immer frisch mixen und genießen!

— Falls doch mal was übrig bleibt: Alle Drinks halten sich 1 bis 2 Tage im Kühlschrank. Dann muss aber ein Deckel drauf, damit keine Luft drankommt und die Drinks keine fremden Gerüche annehmen. Dickflüssigere Drinks bewahren wir in Flaschen mit breitem Hals und breiter Öffnung auf.

— Es lohnt sich, immer einige in Wasser eingeweichte Mandeln & Co. im Kühlschrank vorrätig zu haben. So sind die Drinks schnell gemacht, auch wenn dafür mal nur wenig Zeit bleibt.

— Frisches Obst und frisches Gemüse sind immer besser als tiefgekühlte oder vorgefertigte Zutaten!

— Das beste Spülmittel fürs Schneidebrett ist Natron. Entfernt Verfärbungen (z.B. von Roter Bete) natürlich und leicht.

HOCHLEISTUNGSMIXER: *Für Smoothies und Drinks gibt es unzählige Mixer. Jeder hat seine Besonderheiten. Nach zehn Jahren Praxis mit Mixern verschiedener Hersteller habe ich mich für den Vitamix entschieden. Er ist mein Favorit, weil er zuverlässig funktioniert und bei einfachem Bedienfeld die cremigste Konsistenz für Drinks und Smoothies zaubert. Damit alle gesunden Inhaltsstoffe in kurzer Zeit voll aufgeschlossen werden, sollte die Leistung bei 1000 bis 1500 Watt liegen, mit bis zu 38 000 Umdrehungen pro Minute. Gängige Haushaltsmixer eignen sich nur bedingt für die Zubereitung von Drinks aus Naturprodukten (etwa Brennnesseln). Sie haben eine geringere Leistung und Umdrehungszahl als Hochleistungsmixer und sind nicht für den Dauereinsatz gemacht. Und die cremige Konsistenz von Smoothies kriegt man mit ihnen auch nicht perfekt hin.*

MIXGLAS: *Es gibt runde und viereckige – ich bevorzuge die viereckigen, weil sie beim Mixen einen Sog erzeugen. Dadurch werden die Zutaten schneller und gründlicher vermixt.*

STÖSSEL: *Für grüne Drinks, bei denen die Blätter im Mixer viel Volumen ergeben, ist ein Stößel praktisch. Seine Länge ist dem Mixglas angepasst, so gelangt er bei geschlossenem Deckel nicht ans Schneidewerk. Für Smoothies braucht man Stößel eigentlich nicht – man hat meist schnell raus, welche Zutaten zuerst und welche später in den Mixer kommen.*

GUMMISCHABER: *Ein hochwertiger Gummischaber lohnt sich! Gute Qualität zeigt sich daran, dass die Verbindung zwischen Gummi und Griff stabil ist und nicht einreißt. Der Schaber sollte nicht zu fest und nicht zu weich sein, sonst kann man den Behälter nicht sauber ausschaben – wäre ja schade, wenn was übrig bleibt!*

NUSSMILCHBEUTEL: *Die praktischen Helfer gibt es in Bioläden und im Internet. Maschengröße und Qualität des Materials können variieren. Damit der Beutel lange hält, sollte man die Milch immer herauskneten und dabei aber den Beutel nicht verdrehen.*

STARKE KÜCHENHELFER

MEIN GRÜNES WISSEN

Wenn ich morgens nach meiner Yoga-Session den Nymphenburger Park verlasse, schauen mich viele entgegenkommende Leute gespannt an. Das muss wohl an dem Strauß liegen, den ich gepflückt habe: Brennnesseln, Johanniskraut, Schafgarbe, Frauenmantel und wilde Minze. Die Wildkräuter machen neugierig, und ich werde oft darauf angesprochen. Ich glaube, sie inspirieren die Menschen, selbst wieder genauer hinzusehen, was die Natur an Schätzen zu bieten hat.

Viele der hier vorgestellten Lieblingskräuter und Heilpflanzen wachsen auch in Gärten und auf dem Balkon. Aber anders als gezüchtete, enthalten wild wachsende Pflanzen und Kräuter oft ein Vielfaches an Inhaltsstoffen, auch in stärkerer Konzentration.

ZEIT FÜR KREATIVITÄT

Alle Rezepte und Fotos für dieses Buch sind Anfang Juli entstanden. Deshalb kommen hier auch nur Kräuter und Pflanzen vor, die in dieser Zeit Saison haben. Allerdings möchte ich an dieser Stelle an die Kreativität und Intuition jedes Einzelnen appellieren, auch andere Kräuter und Heilpflanzen zu verwenden – nach Lust und Laune und nach persönlichem Geschmack. Am besten lässt man sich einfach von den Jahreszeiten und den eigenen Vorlieben leiten! Im Frühjahr zum Beispiel treiben die Buchen und Fichten aus. Ihre jungen Triebe und Blätter eignen sich wunderbar für Drinks. Der Frühling ist die Hochzeit für Wildkräuter aller Art. Im Herbst erleben sie noch einmal eine Renaissance und treiben erneut aus. Damit können wir unserem Immunsystem rechtzeitig vor dem Winter noch einmal richtig Kraft schenken!

ALTES KRÄUTERWISSEN

Vertrauen Sie darauf, dass Sie beim Sammeln die Kräuter finden, die Ihr Körper braucht und achten Sie darauf, dass Sie nicht zu lange dieselben Kräuter verwenden, da sie auf Dauer angewendet auch unangenehme und sogar schädliche Wirkung haben können. Gehen Sie mit den Jahreszeiten, die Natur schenkt uns alles zum richtigen Zeitpunkt, um den Körper zu reinigen und zu stärken. Mit meinen Omas wurde ich schon als kleines Mädchen ganz natürlich mit den wilden Kräutern vertraut gemacht und ich durfte während Spaziergängen in der Natur von ihrer Erfahrung profitieren. Dabei lernte ich auch, wie wichtig es ist, nur solche Pflanzen zu sammeln, die ich kenne. Diesen Rat möchte ich an Sie weitergeben. Wenn Sie das pflücken, was Sie bestimmen können, laufen Sie niemals Gefahr, versehentlich eine giftige Pflanze mit nach Hause zu nehmen. Erleben Sie selbst wie viel Freude es macht, die Schätze der Erde kennenzulernen und in unsere Küchen zu integrieren.

Judith Göb

ALOE VERA: Diese außergewöhnliche Heilpflanze wird auch „Arzt im Topf" genannt. Sie enthält rund 160 Inhaltsstoffe, darunter 13 Vitamine wie etwa Vitamin B_{12} (gerade für Veganer sehr interessant), dazu viele Mineralstoffe, Aminosäuren, Enzyme und essenzielle Fettsäuren. So sind sie ein Power-Booster für unser Immunsystem! Für die Rezepte verwenden wir nur das durchsichtige innere Fruchtfleisch aus dem frischen Aloeblatt. Fall Sie eine eigene Pflanze besitzten, ist es wichtig nach dem Abschneiden des Blatts den gelben Saft (das Aloin) aus der Schale fließen zu lassen (etwa 3 Minuten) – er wird nicht verwendet, da er stark abführend wirkt und auf der Haut auch Reizungen hervorrufen kann!
Aloe vera kann man übrigens im Topf gut selber ziehen. Die frischen Blätter gibt's aber auch übers Internet sowie in Bioläden.

BEIFUSS: Er galt in früheren Jahrhunderten als Mutter aller Kräuter. Er wird bei zahlreichen Frauenleiden und Verdauungsproblemen angewendet. Besonders bei Völlegefühl wirkt er wohltuend; er hilft dabei, fettreiche und schwere Speisen gut zu verdauen. Auf keinen Fall darf er in der Frühschwangerschaft angewendet werden: Beifuß kann wehenfördernd wirken!

BORRETSCH: Die zarten Blüten sind auf jedem Shake eine wunderschöne Deko. Aber auch die etwas rauen, haarigen Blätter bereichern Drinks wie Salate – man sagt, sie können das Herz stärken und bei Melancholie helfen!

BRENNNESSEL: Ein schlauer Kopf sagte einmal: „Wären sich die Menschen über die Heilwirkung der Brennnessel im Klaren, wäre sie eine vom Aussterben bedrohte Pflanze." Die Liste ihrer positiven Wirkungen ist sehr lang und sie enthält Magnesium, Kalium, Kieselsäure, Eisen, Proteine und die Vitamine A, C und E. In Drinks eignet sie sich besonders für Frühjahrskuren zur Blutreinigung.

GÄNSEBLÜMCHEN: Wohl jedes Mädchen hat sich schon einen Kranz aus diesen zarten Blümchen geflochten. Sie wachsen auf nahezu jeder Wiese und sehen nicht nur hübsch aus, sondern unterstützen uns als Zutat in Salaten und Drinks bei der Blutbildung und beim Anregen des Stoffwechsels. Sie enthalten Kalzium, Magnesium sowie Vitamin A und C.

KAMILLE: Echte Kamille ist gar nicht so leicht zu finden. Sie gedeiht am Rand von Getreidefeldern, wird dort aber zunehmend vertrieben. Als traditionelles Heilkraut sagt man ihr nach, sie wirke blutreinigend, entzündungshemmend, antibakteriell, krampflösend, harntreibend, schmerzlindernd und tonisierend. Deshalb wird sie seit jeher zur Stärkung der Verdauungsorgane und des Nervensystems sowie bei Atemwegsproblemen empfohlen.

JOHANNISKRAUT: Man kann sich gut vorstellen, dass Johanniskraut in der traditionellen Heilkunde als eines der wichtigsten pflanzlichen Antidepressiva gilt – schon der Anblick der leuchtend gelben Blüten hellt die Stimmung auf! Die Natur hat diesem Sommergewächs aber noch viel mehr mitgegeben: Johanniskraut kann bei Magenbeschwerden und Leber- und Gallenproblemen hilfreich sein. Das Kraut kann die Empfindlichkeit gegen Sonnenstrahlen erhöhen. Man sagt ihm nach, dass es die Wirkung einiger Medikamente abschwächen kann.

FRAUENMANTEL: Wie der Namen schon verrät, gilt Frauenmantel als besonderes Heilkraut für Frauen. Seine krampflösende Wirkung kann aber nicht nur bei Krämpfen im Unterleib helfen, sondern findet auch bei Magenbeschwerden, Blähungen und leichtem Fieber Verwendung.

KLEE: Jeder möchte es finden – ein vierblättriges Kleeblatt, das Glück verspricht und uns ein Lächeln ins Gesicht zaubert. In der gesunden Ernährung unterstützen die Blüten des Weißklees die Blutreinigung. Die des Rotklees helfen beim hormonellen Ausgleich in den Wechseljahren, da sie dem Östrogenmangel entgegenwirken können.

KORNBLUME: Sie steht heute unter Naturschutz – wurde aber schon im antiken Griechenland und im Mittelalter als Heilpflanze verwendet. Die Blumen mit ihren leuchtend blauen Blüten sind in manchen Gärten zu finden und dekorieren nicht nur unsere Drinks. Sie fördern die Verdauung und wirken leicht harntreibend.

KAPUZINERKRESSE: Die Kresse erfreut mit ihren leuchtenden Blüten nicht nur das Auge, sondern bereichert unsere Nahrung mit ihrem würzigen Geschmack und ihrer blutreinigenden, schleimlösenden und antibakteriellen Wirkung. Das macht sie zu einer hervorragenden Heilpflanze bei Erkältung, was noch zusätzlich durch ihren hohen Gehalt an Vitamin C verstärkt wird.

LÖWENZAHN: Wie fast alle Frühlingspflanzen gilt auch der Löwenzahn als blutreinigend. Er regt sämtliche Verdauungsorgane sowie Niere und Blase an, wodurch alte Schlacken ausgeschieden werden. In der Heilkunde gilt er wegen dieser Wirkung auch als Anti-Rheuma-Pflanze.

LAVENDEL: Der Duft von Lavendel beruhigt, reinigt und wirkt auf vielfältige Weise heilsam auf den Menschen. Außerdem soll er bei Nervosität, Schlafstörungen, leichtem Husten, Kopfschmerzen, Erschöpfungszuständen und noch vielem mehr helfen.

MALVE: Schon vor 5000 Jahren wurde die Malve von den Chinesen hoch geschätzt, und sogar in der Bibel wird sie erwähnt, als Moses Malventee gegen Fieber einsetzt. Die Blume mit den zarten rosafarbenen Blüten soll bei Gebärmutterleiden, Rheumatismus und Durchfall helfen. Ihrem grünen unreifen Samen sagt man aphrodisierende Wirkung nach.

SAUERAMPFER: Der Sauerampfer ist ein beliebtes Wildkraut. Er hat ein köstliches säuerliches Aroma – und er enthält Vitamin C. Das macht ihn bewährt gegen Frühjahrsmüdigkeit und stärkt das Immunsystem nach einem langen Winter! Wichtig ist jedoch, dass man nicht zu viel verwendet, denn die darin reichlich vorhandene Oxalsäure und Alkalisalze wirken in großen Dosen giftig.

RINGELBLUME: Hat sie mal an einem Ort Wurzeln gefasst, vermehrt sich die farbenfrohe Ringelblume wie von alleine. Vielleicht hat die Natur dies extra so eingerichtet, damit sie uns fast jederzeit zur Verfügung steht, wenn wir eine wohltuende Heilpflanze benötigen. Ihre Wirkungen sind sehr vielfältig und meist wird sie äußerlich angewendet. Findet sie dennoch den Weg in unsere Küchen, stärkt sie die Verdauungsorgane.

PIMPINELLE: Weil sie nicht nur in Gärten, sondern auch auf vielen Wiesen wächst, wird sie auch „Wiesenknopf" genannt. Ihre grünen Blätter kann man auch im Winter ernten. Die Pflanze soll Frühjahrsmüdigkeit vertreiben, den Stoffwechsel ankurbeln, und sie liefert Vitamin C.

ROSE: Sie ist die unangefochtene Blume der Liebe! Dass sie auch eine bewährte Heilpflanze ist, weiß dagegen kaum jemand. Sie kann bei Heuschnupfen, leichten Herzbeschwerden, Schwindel, Kopfschmerzen und Frauenleiden helfen. Fast alle der 250 Arten können verwendet werden. Ich empfehle besonders Wildrosen, und dabei ist die Damaszener Rose mein Favorit.

SCHAFGARBE: Für grüne Smoothies eignen sich besonders die jungen, zarten Blätter. Aber auch die Blüten kann man für die Drinks und zur Deko verwenden. Die weitverbreitete Pflanze mit den festen Stängeln gilt als allgemein kräftigend, beruhigend, blutreinigend und entzündungshemmend, vor allem im Magen-Darm-Bereich. Und auch in der Frauenheilkunde wird sie hoch geschätzt.

SPITZWEGERICH: Er ist mein Held unter den Heilkräutern! Sein Wirkungsspektrum ist groß. Die spitzen Blätter wachsen nahezu überall, zerreibt man sie zwischen den Fingern, bringt ihr Saft schnelle Linderung bei Mückenstichen oder kleineren Wunden. Innerlich angewendet, war Spitzwegerich bereits in der Antike eine der beliebtesten Heilpflanzen unter anderem bei Husten, Halsbeschwerden, Blasen- und Leberschwäche und Magenschleimhautentzündung.

ZITRONENVERBENE: Ob im Smoothie, in der Limo oder im Salat – Zitronenverbene bringt Frische und Heiterkeit in die Küche! Ihre Wirkung auf Körper und Geist ist weit gefächert: Man sagt ihr z.B. schmerzlindernde, milchflussanregende, antibakterielle und antioxidative Wirkung nach. Außerdem soll sie das Nervensystem stärken.

TAGLILIE: Die Taglilie hat wenige gesundheitliche Vorteile, ist aber wunderschön und deshalb in vielen Gärten zu finden. Ihre zauberhaften gelbroten Blüten öffnen sich nur für einen Tag. In der Traditionellen Chinesischen Medizin werden sie unter anderem bei Schlaflosigkeit empfohlen. Ihre Stängel sind nicht essbar, die Blüten und die Blätter aber schon!

SUPERFOODS

Meine erste bewusste Begegnung mit Superfoods hatte ich 2001 auf Hawaii. Ich sollte dort Küchenchef in einem schicken veganen Restaurant werden. Als ich mich auf den Straßen umsah, fielen mir Smoothie-Stände auf, bei denen man „Superfoods" als Extra bestellen konnte. Ich fragte mich damals, was Superfoods sein sollen. Heute weiß ich, dass sich hinter dem Begriff natürliche Lebensmittel, wie zum Beispiel Früchte verbergen, die trotz ihrer geringen Größe eine besonders hohe Dichte an Nähr- und Vitalstoffen aufweisen: Spurenelemente, Mineralstoffe und Vitamine. Johannisbeeren oder Blaubeeren gehören demnach genauso dazu wie Acaibeeren oder Chlorellaalgen. Superfoods müssen also nicht zwangsweise von exotischen Orten stammen!

SUPERPRAKTISCH

Auf meinen Reisen konnte ich viele Superfoods frisch und erntereif probieren und mich von ihrem Geschmack begeistern lassen. Mittlerweile können wir hier in Europa nicht nur heimische, sondern auch exotische Superfoods kaufen – in Pulverform. Das ist sehr praktisch, denn unser Alltag ist meist stressig, und da ist es gut, wenn wir nährstoffreiche Lebensmittel mal eben in einen Drink mixen können, um deren Nährwert schnell zu vervielfachen!

Der Nährstoffgehalt in den Pulvern ist auch deshalb so hoch, weil die Superfoods dafür vor Ort reif geerntet, getrocknet, gemahlen und verpackt werden. Ganz abgesehen vom gesundheitlichen Aspekt, schmecken diese bunten Pulver aus aromatischen Beeren und Wurzeln sagenhaft – mit ihren intensiven Farben und Geschmäcken sind spannende Kreationen möglich!

Surdham Göb

ACAI: Die kleinen blauschwarzen Beerenfrüchte stammen von Palmen aus dem Amazonasgebiet. Sie sind reich an Antioxidantien und können helfen, den Stoffwechsel anzukurbeln und das Abnehmen zu unterstützen. Auch eine positive Wirkung für die Erhaltung glatter, jugendlicher Haut wird ihnen zugeschrieben.

CHLORELLA: Diese Mikroalge gehört zu den chlorophyllreichsten Pflanzen überhaupt. Sie ist reich an Proteinen, Zink, Chrom, Eisen sowie Vitamin A und Vitaminen des B-Komplexes. Ihre Inhaltsstoffe werden vom Körper besonders gut aufgenommen; sie sollen das Immunsystem stärken und körperliche Entgiftungsprozesse fördern.

GOJIBEEREN: Sie stammen ursprünglich aus China, sind inzwischen aber auch in Mitteleuropa heimisch. Die süßen orangeroten Beeren sollen einen positiven Einfluss auf die Augen haben und werden von den Chinesen traditionell zur Behandlung von Grünem Star eingesetzt. Dank ihres hohen Gehalts an Vitamin A, B, C und E stärken sie auch die Abwehrkräfte.

KAKAOBOHNEN: Kaum jemand kennt die Kakaobohne in ihrem ursprünglichen Zustand! Die Kerne der Kakaofrucht schmecken bitter und herb – nicht alle sind von ihrem Geschmack angetan, doch wer ihn mag, ist begeistert. Am besten schmecken die frischen, luftgetrockneten Kakaobohnen, die noch vom süßen zarten Fruchtfleisch ummantelt sind. Es gibt sie bei uns aber selten. Leider bekommen wir hierzulande hauptsächlich fermentierte, geröstete Kakaobohnen.

KAKAO-NIBS UND -PULVER: Kakao wird auch das Gold der Inkas, Maya und Azteken genannt. Er enthält rund 300 Vitalstoffe und gilt somit eindeutig als Superfood. Bereits in kleinen Mengen wirkt er angenehm anregend und stimmungsaufhellend. Das liegt an seinem Gehalt an Serotonin. Deshalb ist Kakao auch bei Liebeskummer eine echte Hilfe! Die Bohnen sind außerdem prall gefüllt mit wichtigen Mineralstoffen, Spurenelementen und Antioxidantien.

LUCUMA: Diese Frucht stammt aus Peru und ist bei uns meist als süßes Pulver erhältlich. Es wird als gesunde Zuckeralternative geschätzt und gilt als kleines Wunder für schöne Haut. Verantwortlich sind dafür die in Lucuma enthaltenen Antioxidantien, wie Betacarotin, die die Reparatur der Körperzellen unterstützt und freie Radikale bekämpft.

MACA: Hier handelt es sich um eine Knolle, die bereits den Inka als stärkendes und ausgleichendes Nahrungsmittel bekannt war. Bei uns hält sie gerade in Pulverform Einzug in die gesunde Küche. Die traditionelle Volksheilkunde schreibt ihr viele positive Eigenschaften zu, etwa bei unerfülltem Kinderwunsch oder während der Wechseljahre. Manche schwören auch darauf, dass sie die Konzentration und Leistungsfähigkeit erhöhen kann.

PERUANISCHER CAROB: Das Fruchtfleisch des peruanischen Carob (auch Mesquite genannt) wird meist zu Pulver verarbeitet und als Süßungsmittel genutzt. Es schmeckt wunderbar karamellig und ist auch wegen seiner vielen Vitamine und Mineralstoffe eine gesunde Zutat für jeden Smoothie. Peruanischer Carob unterscheidet sich deutlich vom herkömmlichen Carobpulver, das wesentlich dunkler ist und mit seiner herben Note etwas an Kakao erinnert.

SPIRULINA: Die Inhaltsstoffe der Spirulinaalge ähneln der Chlorellaalge. Beim Kauf lohnt es sich, auf Bioqualität zu achten. Mit Spirulina aus ökologischem Anbau umgeht man die Belastung mit synthetischem Dünger und Pestiziden.

VANILLE: Kaum jemand weiß, dass die Vanille eine Orchidee ist – sie wäre wahrscheinlich noch beliebter, wenn jeder wüsste, wie schön sie wächst! Da die meisten ihren Geschmack zu fast allem lieben, gehört sie oft zur Küchenstandardausstattung. So profitieren wir aber auch von ihren positiven Eigenschaften: Sie wirkt auf entspannte Weise anregend und belebend zugleich. Am besten verwendet man sie also, wenn man sich kraftlos und schlapp oder gestresst fühlt.

PFLANZENDRINKS SCHNELL SELBST GEMACHT

Pflanzendrinks selber machen hat viele Vorteile: Sie sind immer topfrisch und nicht so gezuckert wie industrielle Fertigdrinks aus dem Supermarkt. Die Basis für Pflanzendrinks sind getrocknete Lebensmittel wie Mandeln, Cashewkerne & Co. Wir weichen sie ohne Zusatz von Zucker in Wasser ein. Wenn wir das Wasser täglich wechseln, halten sich die eingeweichten Zutaten bis zu einer Woche im Kühlschrank frisch. Ein weiteres Plus: Die eingeweichten Nüsse und Mandeln sind viel leichter verdaulich. Besonders wenn man große Mengen davon isst, ist das Einweichen Gold wert – man spürt richtig, wie leicht die Nüsse verdaut werden, statt wie sonst schwer im Magen zu liegen.

GRUNDREZEPTE

Die Zutaten für Pflanzendrinks haben unterschiedliche Einweichzeiten: Cashew-kerne brauchen vier Stunden, Mandeln sechs Stunden. Kokosraspeln benötigen keine Einweichzeit. Wenn es schnell gehen muss, lässt sich die Einweichzeit jeweils auch abkürzen. In diesem Fall mixen wir das Ganze mit etwas weniger Wasser, aber dafür eine Minute länger, damit sich die Vitalstoffe gut von den Pflanzenfasern lösen.

CASHEWDRINK

FÜR CA. 1 LITER:

— 150 g Cashewkerne oder
  Cashewbruch
— Wasser zum Einweichen
— 900 ml Wasser
— Nussmilchbeutel
  (aus dem Bioladen oder
  Internetversand)

Die Cashewkerne in reichlich Wasser über Nacht einweichen und am nächsten Tag in ein Sieb abgießen.

Die eingeweichten Cashewkerne in den Mixer geben, 900 ml Wasser dazugießen und zunächst auf niedriger Stufe, dann auf höchster Stufe 1 Minute aufschlagen. Alles in einen Nussmilchbeutel geben und ausdrücken (siehe S. 10, 21), den Cashewdrink dabei auffangen. Er hält sich zugedeckt im Kühlschrank etwa 3 Tage.

KOKOSDRINK

FÜR CA. 1 LITER:

— 200 g Kokosraspel
— 900 ml Wasser
— Nussmilchbeutel
  (aus dem Bioladen oder
  Internetversand)

Die Kokosraspel mit 900 ml Wasser im Mixer zunächst auf niedriger Stufe, dann auf höchster Stufe 2 Minuten aufschlagen. Alles in einen Nussmilchbeutel geben und ausdrücken (siehe S. 10, 21), den Kokosdrink dabei auffangen.
Er hält sich zugedeckt im Kühlschrank etwa 3 Tage.

ÜBRIGENS: Kokosraspel müssen nicht eingeweicht werden – man kann sie direkt aus der Packung verwenden.

MANDELDRINK

FÜR CA. 1 LITER:

— 150 g Mandeln
— Wasser zum Einweichen
— 900 ml Wasser
— Nussmilchbeutel
  (aus dem Bioladen oder
  Internetversand)

Die Mandeln in reichlich Wasser über Nacht einweichen und am nächsten Tag in ein Sieb abgießen.

Die eingeweichten Mandeln in den Mixer geben, das Wasser dazugießen und zunächst auf niedriger Stufe, dann auf höchster Stufe 1 Minute aufschlagen. Alles in einen Nussmilchbeutel geben und ausdrücken (siehe S. 10, 21), den Mandeldrink dabei auffangen. Er hält sich zugedeckt im Kühlschrank etwa 3 Tage.

25
___

CLASSIC
SMOOTHIES

FÜR CA. 1 LITER:
— ½ Ananas
— 1 Zucchino
— 2 EL Hanfsamen (20 g, geschält)
— 1 Päckchen Hanfsaft (ca. 30 ml,
tiefgefroren, Bezug siehe S. 135;
ersatzweise ½ Bund Petersilie)
— 400 ml Wasser

FRUCHTIG,
HERB UND
ERFRISCHEND

HAPPY GO LUCKY Das herausragende „Special" dieses superleckeren Smoothies ist Hanfsaft. Hanf ist eine vielseitig verwendbare Pflanze und seit Kurzem auch als Rohkostsaft bei uns erhältlich (in naher Zukunft sogar aus biologischem Anbau). Der Saft ist THC-frei, dafür voll von dem Wirkstoff Cannabidiol, das für die gesundheitliche (Wunder-)Wirkung des Hanfs verantwortlich ist: Hanf soll immunstärkend, selbstheilungsfördernd, appetithemmend und muskelaufbaufördernd sein.

1 Die Ananas schälen, vierteln, den harten Strunk herausschneiden. Den Zucchino putzen, waschen und grob schneiden.

2 Die Ananas und den Zucchino in den Mixer geben. Hanfsamen, Hanfsaft oder Petersilie (mit den Stielen) und Wasser dazugeben und zunächst auf niedriger Stufe, dann auf hoher Stufe etwa 30 Sekunden cremig aufschlagen.

3 Den Ananas-Zucchino-Smoothie auf Gläser verteilen. Nach Belieben mit Zucchinischeiben und Ananasstücken dekorieren und auf Eis servieren.

ANANAS-ZUCCHINO-SMOOTHIE

BIRNEN-KARDAMOM-SHAKE MIT PISTAZIEN-FLUFF

DIE MISCHUNG MACHT'S Apfel, Birnen und Pistazien? Diese gelungene Kombi ist geschmacklich kaum zu übertreffen – und der Kardamom sorgt bei diesem cremigen Drink für eine sanfte Frische. „Der König der Gewürze" wird häufig in der asiatischen und skandinavischen Küche eingesetzt, sein zitrusartiger Geruch hellt die Stimmung auf, das Gewürz wirkt verdauungsfördernd und magenberuhigend.

FÜR CA. 1 LITER:

— 30 g Pistazien (geschält)
— ½ Zitrone
— 1 kleiner Apfel
— 2 Packham-Birnen
— ½ TL gemahlener Kardamom
— 2 EL durchsichtige Apfelsüße
— ½ l Wasser

1 Die Pistazien in den Mixer geben und mit der Puls-Funktion zu einem feinen Fluff zerkleinern. Den Pistazien-Fluff in eine Schale geben und beiseitestellen.

2 Die Zitronenhälfte auspressen. Den Apfel und die Birnen schälen, vierteln und jeweils das Kerngehäuse entfernen. Das Obst mit dem Zitronensaft in den Mixer geben. Kardamom, Apfelsüße und Wasser dazugeben und alles zunächst auf niedriger Stufe, dann auf hoher Stufe zu einem schaumigen Shake mixen.

3 Den Birnen-Kardamom-Shake auf Gläser verteilen und mit dem Pistazien-Fluff bestreut servieren.

ZEIT ZUM GENIESSEN!

PFIRSICH-MATCHA-SMOOTHIE

PEACH BOY Den Geschmack dieses einen Pfirsichs werde ich mein Leben lang nicht vergessen: Er war einzigartig, sonnendurchtränkt und voller Aromen. Ich war in Griechenland und würde fast wieder so weit reisen, nur um noch mal so einen schmackhaften Pfirsich zu genießen. Über Griechenland fand das Rosengewächs übrigens seinen Weg nach Europa, denn es stammt aus China, wo der Pfirsich auch heute noch ein Symbol der Unsterblichkeit ist. Vollreife Pfirsiche wirken kräftigend, appetitanregend und erfrischend. Sie sind auch für Menschen mit einem empfindlichen Magen gut verträglich. Frischer Pfirsichsaft ist ein ausgezeichnetes Tonikum für die Gesichtshaut.

FÜR CA. 1 LITER:

— 2 reife Pfirsiche
— 6 Medjool-Datteln
— ½ Orange
— 2 TL Matchapulver (fein gemahlener japanischer grüner Tee)
— ½ TL Chlorellapulver (siehe S. 18)
— 600 ml Wasser

1 Pfirsiche waschen, halbieren und den Stein entfernen. Datteln halbieren und entsteinen. Orangenhälfte auspressen.

2 Pfirsiche, Datteln und Orangensaft in den Mixer geben. Matcha- und Chlorellapulver sowie Wasser hinzufügen und zunächst auf niedriger Stufe, dann auf höchster Stufe etwa 30 Sekunden cremig mixen. Den Smoothie auf Gläser verteilen, nach Belieben durch ein Teesieb mit Matchapulver bestäuben und servieren.

ORANGE-
KURKUMA-DETOX-DRINK

IMMUN-BOOSTER IN KNALLGELB

Ich kenne Kurkuma aus Indonesien. Dort wird die kleine gelbe Wurzel fein gerieben und auf offene Wunden gelegt, um Blutungen zu stoppen. Mit Wasser püriert und getrunken, hilft sie bei Darmproblemen. Allein die Farbe wirkt stärkend auf das Immunsystem, und mutige Forscher sagen Kurkuma antikarzinogene Wirkungen nach. Außerdem ist sie ein Antioxidans und bindet freie Radikale. Das Gelb der Kurkuma färbt stark ab – was sich meist auf dem Schneidebrett bemerkbar macht. Das Brett zum Reinigen einfach mit ein wenig Natron und Wasser abschrubben, so bekommt man es am einfachsten wieder sauber. Übrigens: Frische Kurkumawurzel gibt es im gut sortierten Bio- oder Asialaden und liegt meist gleich neben dem Ingwer.

1 Die Orangen mit einem scharfen Messer so großzügig schälen, dass auch die weiße Haut mit entfernt wird. Dann die Orangen quer halbieren und die Kerne entfernen.

2 Die Möhre putzen. Möhre, Kurkuma und Ingwer schälen und den Ingwer klein schneiden.

3 Alle vorbereiteten Zutaten, das Öl und die Hälfte des Wassers in den Mixer geben und zunächst auf niedriger Stufe, dann auf höchster Stufe etwa 45 Sekunden sehr fein mixen. Das restliche Wasser und die Eiswürfel hinzufügen und noch einmal kurz aufschlagen. Den Drink auf Gläser verteilen und servieren.

FÜR CA. 1 LITER:
— 3 Orangen
— 1 Möhre
— 10 g Kurkumawurzel
— 15 g Ingwerwurzel
— ½ TL Leinöl
— 400 ml Wasser
— 4 Eiswürfel

ALOE-GURKEN-SMOOTHIE MIT KORIANDER

NICHT NUR GESCHMACKLICH EIN HIT Von dem Aloe-vera-Blatt wird für Smoothies lediglich das Mark verwendet, die grüne Rinde mit den Resten des fädenziehenden Gels bleibt übrig. Dieses Gel kann man wunderbar für die Hautpflege anwenden. Es heißt, dass die Aloe vera eines der wirklich wirksamen Mittel für die Zellerneuerung ist. Wichtig ist allerdings, dass vorher das Aloin (siehe S. 13 „Aloe vera") vollständig aus der Rinde entfernt wird, da es sonst bei empfindlicher Haut zu Irritationen führen kann. Das Gel heilt Wunden, Narben und wirkt herrlich kühlend auf der Haut.

FÜR CA. 1 LITER:
— 1 Blatt Aloe vera
  (ca. 6 cm lang, siehe S. 13)
— 1 kleines Bund Koriander
  (ca. 10 Stiele)
— 200 g Salatgurke
— 200 g Sojajoghurt
— Salz
— Pfeffer aus der Mühle
— ¼ l Wasser

1 Das durchsichtige Mark der Aloe vera aus der Blattrinde schneiden. Den Koriander waschen und die Blätter von den Stielen zupfen. Die Salatgurke waschen und in grobe Stücke schneiden.

2 Koriander, Aloe-vera-Mark und Gurke mit dem Joghurt, je 1 Prise Salz und Pfeffer sowie das Wasser in den Mixer geben und alles zunächst auf niedriger Stufe, dann auf höchster Stufe fein mixen.

3 Den Aloe-Gurken-Smoothie abschmecken und bei Bedarf nochmals mit Salz und Pfeffer würzen, auf Gläser verteilen und sofort genießen.

ERFRI-
SCHENDER
WÜRZIGER
DRINK

JOHANNISBEER-SHAKE MIT KOKOS

BÄREN-POWER Wer Schwarze Johannisbeeren im Garten hat, der kann sich glücklich schätzen und die meisten Superfoods im Regal stehen lassen. Einer der zahlreichen Inhaltsstoffe der Power-Beeren sind zum Beispiel Flavonide. Schwarze Johannisbeeren sind außerdem reich an Vitamin C: 100 g Beeren enthalten 130 mg davon. Vitamin C und Flavonoide bilden ein unschlagbares Team beim antioxidativen Schutz vor den sogenannten freien Radikalen aus der belasteten Umwelt. Statt den Kokosdrink selbst zu machen kann man natürlich auch ein Fertigprodukt verwenden.

FÜR CA. 1 LITER:

— 100 g Kokosraspel
— 700 ml Wasser
— 250 g Schwarze Johannisbeeren
— 1 Blatt Aloe vera
  (8 cm lang, siehe S. 13
  und S. 34 Tipp)
— 6 EL Ahornsirup

1 Die Kokosraspel und 450 ml Wasser in den Mixer geben und zunächst auf niedriger Stufe, dann auf höchster Stufe 1 Minute mixen. Anschließend durch einen Nussmilch- beutel drücken (siehe S. 10; ergibt etwa ½ l Kokosdrink).

2 Die Johannisbeeren waschen und von den Rispen abstreifen. Das durchsichtige Mark der Aloe vera aus der Blattrinde schneiden. Johannisbeeren, Aloe-vera-Mark, Ahornsirup, restliches Wasser und Kokosdrink in den Mixer geben und zunächst auf niedriger Stufe, dann auf höchster Stufe so lange aufschlagen, bis alles fein gemixt ist. Die Kerne der Beeren bleiben bissfest.

3 Den Johannisbeer-Shake auf Gläser verteilen und nach Belieben auf Eis servieren.

VITAMIN-C-KICK Hagebutten sind vom Spätsommer bis in den Winter hinein an Waldrändern, im Unterholz und in Gebüschen zu finden. Bei den kleinen, länglichen oder auch kugelig runden Beeren handelt es sich um die essbaren Früchte von Rosenarten wie der Wild-, Zaun- oder Heckenrose. Durch ihren enormen Vitamin-C-Gehalt beugt die rote Frucht Erkältungen vor und unterstützt beim Auskurieren. Unter den heimischen Pflanzen hat nur der Sanddorn mehr Vitamin C zu bieten. Auch bei Rheuma können die Hagebutte und das daraus hergestellte Pulver Linderung verschaffen. Man kann es zum Beispiel über sein Morgenmüsli streuen oder in den (Soja-)Joghurt rühren.

1 Rhabarber putzen, schälen und grob in Stücke schneiden. Erdbeeren waschen und putzen.

2 Den Rhabarber und die Erdbeeren in den Mixer geben. Sojajoghurt, Agavendicksaft, Pfefferbeeren, Wasser und Eiswürfel dazugeben und zunächst auf niedriger Stufe, dann auf hoher Stufe glatt mixen.

3 Den Smoothie auf Gläser verteilen und kalt genießen. Wer rohes Erdbeerpulver zu Hause hat, kann den Smoothie damit bestreuen.

ERDBEER-RHABARBER-SMOOTHIE

FÜR CA. 1 LITER:

— 200 g Rhabarber
  (ca. 4 Stangen)
— 250 g Erdbeeren
— 160 g Sojajoghurt
— 3 EL Agavendicksaft
— 12 rosa Pfefferbeeren
— 2 EL rohes Hagebutten-
  pulver (aus dem Bioladen)
— 200 ml Wasser
— 5 Eiswürfel

TRAUBEN-ROTE-BETE-SMOOTHIE

FÜR CA. 1 LITER:

— 300 g dunkle Trauben
  (evtl. kernlos)
— 80 g Rote Bete
— ½ Apfel
— 5 g Ingwerwurzel
— 1 EL Acaipulver (siehe S. 18)
— 10 Malvenblüten
  (frisch oder getrocknet,
  aus dem Teeladen)
— ¾ l Wasser

1 Trauben mit heißem Wasser waschen und von der Rispe abziehen. Rote Bete waschen, schälen und nochmals waschen. Apfel schälen, vierteln und das Kerngehäuse entfernen. Ingwer schälen und klein schneiden.

2 Alle vorbereiteten Zutaten mit Acaipulver, Malvenblüten und Wasser in den Mixer geben und zunächst auf niedriger Stufe, dann auf höchster Stufe 1 Minute schaumig aufschlagen. Den Smoothie auf Gläser verteilen und sofort genießen.

FARBE IST TRUMPF Wenn die Trauben reifen, ist der nahe Herbst gewiss, und wir freuen uns auf die süßlichen Beeren. Man kann sie sehr vielseitig verwenden, und sie enthalten reichlich Vitamin B_6 (wichtig für den Eiweißstoffwechsel) und Folsäure für die Blutbildung. Es gibt helle und dunkle Trauben, mit und ohne Kerne. Die kernlosen Exemplare sind übrigens Hybridzüchtungen, die besonders viel Zucker enthalten, was den Blutzuckerspiegel – vor allem bei hohem Verzehr – irritieren kann.

TOMATEN-SELLERIE-SMOOTHIE

FÜR CA. 1 LITER:
— 500 g gemischte Tomaten
  (Ochsenherztomaten, Cocktail-
  tomaten, Tiger Striped)
— 1 Stange Staudensellerie
— 1 kleine rote Chilischote
— ½ l Wasser
— 2–3 EL Olivenöl (kalt gepresst)
— ½ TL Salz
— einige Stiele rotes und
  grünes Basilikum

1 Die Tomaten waschen und vierteln, dabei die Stielansätze entfernen. Den Sellerie putzen, dabei das Grün aufbewahren, waschen und in grobe Stücke schneiden. Die Chilischote waschen und den Stielansatz entfernen. (Wer den Drink nicht so scharf möchte, entfernt von der Chili die Kerne oder verwendet nicht die ganze Schote.)

2 Tomaten, Sellerie, Chili, Wasser, Olivenöl und Salz im Mixer zunächst auf niedriger Stufe, dann auf höchster Stufe so lange zerkleinern, bis die Schalen und Kerne nicht mehr zu sehen sind und der Smoothie fein-cremig ist.

3 Den Drink auf Gläser verteilen. Rote und grüne Basilikumblätter von den Stängeln ab-zupfen und mit den Sellerieblättern waschen und trocken tupfen. Den Drink mit den Blättern anrichten und genießen.

FROZEN-BANANA-DRINK

MANGO-MAMAS-CAFÉ Dort auf Kauai (Hawaii) habe ich das erste Mal Smoothies mit gefrorenen Bananen getrunken. Nach dem ersten Schluck konnte ich gar nicht sagen, wieso der Smoothie so weich, cremig, süß und voll geschmeckt hat. Ich dachte zunächst an Kokosmilch oder Verdickungsmittel – aber es war einfach die gefrorene Banane.

FÜR CA. 1,5 LITER:

— 3 Bananen
— 150 g Cashewkerne
— Wasser zum Einweichen
— ½ Orange
— 700 ml Wasser
— 300 g Mangomark
  (aus der Flasche)

1 Die Bananen schälen, nebeneinander in einen Gefrierbeutel legen, den Beutel verschließen und die Bananen 4 Stunden einfrieren. Die Cashewkerne in reichlich Wasser mindestens 4 Stunden einweichen.

2 Die Orange mit einem scharfen Messer so großzügig schälen, dass auch die weiße Haut mit entfernt wird. Quer halbieren und, falls nötig, Kerne entfernen. Cashewkerne in ein Sieb abgießen und abtropfen lassen.

3 Die gefrorenen Bananen in grobe Stücke schneiden. Mit den Cashewkernen, der Orange, den 700 ml Wasser und dem Mangomark (4 EL abnehmen) im Mixer zunächst auf niedriger Stufe, dann auf höchster Stufe 45 Sekunden aufschlagen. Auf Gläser verteilen, das abgenommene Mangomark darauf verteilen und mit einem Löffel dekorativ verrühren.

BITTE
WARTEZEIT
BEACHTEN

COLD-CHAI-SMOOTHIE

FÜR CA. 1 LITER:

— 200 g Mandeln (mit Haut)
— Wasser zum Einweichen
— 800 ml Wasser
— 5 EL loser schwarzer Tee
  (bevorzugt Assamtee, 50 g)
— 25 g Ingwerwurzel
— 4 Medjool-Datteln
— 2 Gewürznelken
— 1 geh. TL gemahlener
  Kardamom
— 1 TL Zimtpulver
— 1 EL Lucumapulver
  (siehe S. 19)
— 6 Eiswürfel

1 Die Mandeln in reichlich Wasser 6 Stunden einweichen. Den Schwarztee in 800 ml kaltes Wasser geben und 1 Stunde darin ziehen lasen. Dann durch ein Haarsieb in eine Schüssel gießen.

2 Die eingeweichten Mandeln abgießen und mit dem kalten Teeauszug im Mixer zunächst auf niedriger Stufe, dann auf höchster Stufe 1 Minute aufschlagen. Alles in einen Nussmilchbeutel geben und über dem Mixer ausdrücken (siehe S. 21).

3 Den Ingwer schälen und klein schneiden. Die Datteln halbieren und entsteinen. Beides mit Nelken, Kardamom, Zimt und Lucuma zur Mandel-Tee-Mischung in den Mixer geben und zunächst auf niedriger Stufe, dann auf höchster Stufe 1 Minute mixen. Die Eiswürfel dazugeben und nochmals aufschlagen. Den Drink auf Gläser verteilen und nach Belieben jeweils mit 1 Stange Zimt dekorieren.

BITTE WARTEZEIT BEACHTEN

MACHT SCHWER WAS HER Und ist zudem gesund, denn Zimt hat blutzuckersenkende Wirkung. Es gibt zwei verschiedene Sorten Zimt: Der weitverbreitete chinesische Zimt hat eine einfach gedrehte dicke Rinde, während der teurere Ceylon-Zimt (aus Sri Lanka) aus vielen zarten Rindenblättern aufwendig zusammengelegt ist. Der ceylonesische ist filigraner und zarter im Geschmack und in der Handhabung. Wegen des gesundheitsschädlichen Cumarins, das im chinesischen Zimt enthalten ist, sollte man lieber den Ceylon-Zimt verwenden.

1 Das Weizengras von der Matte schneiden, waschen, trocken tupfen und durch den Entsafter pressen (ergibt etwa 150 ml). Die Banane schälen. Den Apfel schälen, vierteln und das Kerngehäuse entfernen. Die Orangenhälfte auspressen.

2 Den Weizengrassaft, die Hanfsaat und den Orangensaft in den Mixer geben. Die Früchte und das Wasser dazugeben und alles zunächst auf niedriger Stufe, dann auf höchster Stufe 30 Sekunden cremig mixen. Auf Gläser verteilen und nach Belieben mit 1 Bananenscheibe servieren.

GO GREEN Vor gut 20 Jahren habe ich mir auf meinem Balkon immer wieder mal Weizengras selbst angebaut. Es geht einfach und schnell, und nach ein bis zwei Wochen ist das Enzym-Power-Gras erntereif. Ich liebe den grasigen, süßen Geschmack, ein Hammer-Boost für den Körper. Selbst gepresstes Gras ist viel wertvoller als gekauftes, da die Enzyme sich beim Kontakt mit Sauerstoff sehr schnell verflüchtigen. Weizengras ist reich an wichtigen Nährstoffen und eignet sich sehr gut für eine Frühjahrs- oder Winterkur: Es soll den Körper beim Aufbau von Blutzellen unterstützen, wenn einem das Chlorophyll „ausgeht" und der Sauerstofftransport nachlässt.

GRASGRÜN
UND SEHR
GESUND

WEIZENGRAS-BANANEN-SMOOTHIE

FÜR CA. 1 LITER:
— ½ Matte Weizengras
(aus dem gut sortierten
Bioladen oder Internet-
versand siehe S. 135)
— 1 Banane
— 1 kleiner Apfel
— ½ Orange
— 4 EL Hanfsaat (geschält)
— ½ l Wasser

DIE BESTEN IMMUN-BOOSTER

Was tut unser Immunsystem nicht alles für uns! Schützt uns vor Umwelteinflüssen, macht uns fit gegen Kälte und stark gegen Viren und Bakterien. Dafür braucht es aber auch Input! Zum Beispiel Sonnenlicht, ausreichend Schlaf und Streicheleinheiten für die Seele. Und: eine ausgewogene Ernährung. Da kommen unsere Immun-Booster genau richtig!

APFEL-ZITRONEN-LIMO

Erkältung im Anmarsch? Mit der herrlich fruchtigen Vitamin-C-Bombe schlägt unser Abwehrsystem alle Viren und Bakterien schneller in die Flucht, als wir das Wort Zitrone aussprechen können!

MANGO-MARACUJA-LIMO

Hier steckt nicht nur Sonne drin – sondern die Sonnenkraft tropischer Früchte! Und das bedeutet: jede Menge Vitamin A und C, die unser Immunsystem schnell wieder so richtig auf Vordermann bringen.

KIWI-SPINAT-SMOOTHIE

Husten und Kratzen im Hals? Das Vitamin C aus der Kiwi hilft unserem Immunsystem, die Erkältung wieder in den Griff zu kriegen. Und Spitzwegerich ist ein traditionelles Hausmittel, das auf sanfte Weise Husten lindert.

DAS PERFEKTE TRIO FÜR EIN STARKES IMMUNSYSTEM: VITAMINE, WÄRME UND TOLLER GESCHMACK!

JOHANNISBEER-SHAKE MIT KOKOS

Antioxidantien pur! Dazu noch ein Schuss „Wunderkaktus" Aloe vera – dieser knallig rote Gesundheits-Booster ist der perfekte Verbündete für ein intaktes Immunsystem.

BLUTORANGEN-PFLAUMEN-TEE

Wenn die Tage kürzer werden und der Herbst sich anschleicht, braucht unser Körper eine Extraportion Wohlgefühl. Mit dem vitaminreichen Tee ist er gegen die Bibberkälte bestens gewappnet.

GINGER-LEMON-„HONEY"-DRINK

Die heißeste Geheimwaffe gegen tückische Infekte: frischer Ingwer, Zitrone und Wasser. Mit dem unschlagbaren Trio packen wir jede Erkältung rechtzeitig am Schlafittchen!

HEISSER APFELTEE MIT VANILLE

Winterblues? Und alles so trüb und dunkel draußen? Der wohlige Tee mit echter Vanille bringt unsere Stimmung wieder auf Trab! Und wärmt so wunderbar von innen, dass wir die Kälte vergessen.

WIDERSTAND ZWECKLOS Ein Drink aus Schokolade und Avocado ist in Asien, speziell in Indonesien, ein Nationalgetränk, das in Restaurants sehr stark gesüßt angeboten wird. Meine Rohkostvariante mit rohem Kakao und frisch zubereitetem Kokosdrink macht ihn zu einem wahren Highlight der gesunden Küche. Das liegt mitunter an dem hohen Gehalt an einfach ungesättigten Fettsäuren, die in den Avocados stecken – somit gehört sie zu den gesündesten Fettlieferanten. Kokosblütenzucker besteht aus dem eingekochten Saft aus den Blütenständen der Kokospalme und ist wenig behandelt.

1 Die Kokosraspel und 600 ml Wasser in den Mixer geben und zunächst auf niedriger Stufe, dann auf hoher Stufe 1 Minute mixen. Alles durch einen Nussmilchbeutel drücken (siehe S. 10; ergibt etwa 600 ml Kokosdrink).

2 Die Avocado halbieren und den Stein entfernen. Die Avocadohälften schälen. Mit Chlorellapulver, 2 EL Kokosblütenzucker und dem Kokosdrink im Mixer schaumig aufschlagen und auf Gläser verteilen.

3 Kakaomasse und -pulver, 8 EL Kokosblütenzucker, Maca- und Vanillepulver und die restlichen 250 ml Wasser in den Mixer geben und zunächst auf niedriger Stufe, dann auf höchster Stufe fein aufschlagen. Die Schokomasse über einen Löffel auf den Avocado-Shake laufen lassen und leicht durchziehen. Eventuell mit geriebener Kakaomasse bestreuen.

AVOCADO-SCHOKO-SHAKE

PERFEKT FÜR CHOCO-HOLICS

FÜR CA. 1 LITER:

— 150 g Kokosraspel
— 850 ml Wasser
— 1 Avocado
— ¼ TL Chlorellapulver
  (siehe S. 19)
— 10 EL Kokosblüten-
  zucker
— 100 g Kakaomasse
  (Cocoa Liquor; aus dem
  Internetversand)
— 2 EL rohes Kakaopulver
— 2 geh. TL Macapulver
  (siehe S. 19)
— 1 TL Vanillepulver

SWEET
DREAMS IN
PINK

ERDBEER-KOKOS-SMOOTHIE

FÜR CA. 1 LITER:
— 600 ml Wasser
— 150 g Kokosraspel
— 40 g Rote Bete
— 250 g Erdbeeren
— 4 EL Ahornsirup

1 Das Wasser und die Kokosraspel in den Mixer geben und zunächst auf niedriger Stufe, dann auf hoher Stufe 1 Minute mixen. Anschließend durch einen Nussmilchbeutel drücken (siehe S. 10; ergibt 625 ml Kokosdrink).

2 Die Rote Bete waschen, schälen und nochmals waschen. Die Erdbeeren waschen und putzen.

3 Den Kokosdrink, die Rote Bete, die Erdbeeren und den Ahornsirup in den Mixer geben und zunächst auf niedriger Stufe, dann auf höchster Stufe 30 Sekunden cremig aufschlagen. Auf Gläser verteilen und genießen.

LADYS IN RED Die Erdbeere und die Rote Bete sind das Traumpaar unter den Obst-Gemüse-Pärchen. Die Kombination von Rote Bete mit „Erd-Freunden", wie zum Beispiel Erdbeeren, ist auch einer meiner Tricks, wie man dem erdigen Geschmack der Knolle entgegenwirkt. Das lockert die „Rote-Bete-Stimmung" ungemein auf! Der zweite Trick besteht darin, die Knollen vor und nach dem Schälen zu waschen. So kann man ungeliebte Kindheitserinnerungen an das leuchtend rote, aber erdig schmeckende Gemüse hinter sich lassen.

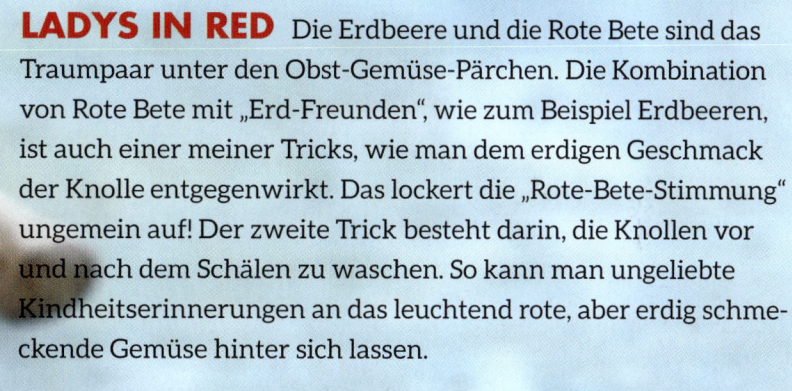

MACADAMIA-SCHOKO-SMOOTHIE

FÜR CA. 1 LITER:

— 100 g rohe Macadamia-
  nüsse
— Wasser zum Einweichen
— 2 Bananen
— 4 Medjool-Datteln
— 600 ml Wasser
— 1 EL peruanisches Carobpulver (siehe S. 19)
— 1 EL Macapulver
  (siehe S. 19)
— 1 EL Lucumapulver
  (siehe S. 19)
— 3 EL schwach entöltes
  Kakaopulver

**BITTE
WARTEZEIT
BEACHTEN**

1 Die Macadamianüsse in reichlich Wasser mindestens 4 Stunden einweichen. Dann die Nüsse in ein Sieb abgießen.

2 Die Bananen schälen. Die Datteln halbieren und entsteinen. Die Macadamianüsse, die Bananen, die Datteln und ½ l Wasser in den Mixer geben, zunächst auf niedriger Stufe, dann auf höchster Stufe schaumig aufmixen. 200 ml Smoothie auf Gläser verteilen.

3 Den restlichen Smoothie mit Carob-, Maca-, Lucuma- und Kakaopulver und den restlichen 100 ml Wasser auf hoher Stufe schaumig schlagen. Den Schoko-Smoothie vorsichtig auf den hellen Smoothie gießen.

TEAM IN BLACK & WHITE Zweifarbige Shakes sind einfach immer eine Augenweide, denn Farben und Aromen sorgen für Spannung und inspirieren. Dieser Schoko-Shake ist herrlich cremig, nussig und kraftspendend durch das Macapulver und die Macadamianüsse. Wer es eilig hat, kann auch alle Zutaten auf einmal mixen.

LIMOS | 59

FÜR CA. 1 LITER:
— 1,2 kg Wassermelone
— 2 Stiele Estragon
— 2 Limetten
— 8 Eiswürfel

WASSERMELONEN-ESTRAGON-LIMO

1 Die Wassermelone zunächst in Spalten, dann das Fruchtfleisch aus der Schale schneiden. Falls nötig, die Kerne entfernen. Das Fruchtfleisch in grobe Stücke schneiden und in den Mixer geben.

2 Den Estragon waschen und die Blätter von den Stielen zupfen. Die Limetten halbieren und auspressen. Den Limettensaft, den Estragon und die Eiswürfel zur Melone in den Mixer geben und zunächst auf niedriger Stufe, dann auf mittlerer Stufe grob aufschlagen. Die Limo auf Gläser verteilen und genießen.

UNGEWÖHNLICHE KOMBI In Frankreich kommt Estragon oft zum Einsatz – leider ist er bei uns kaum bekannt. Mittlerweile gibt es in den Sommermonaten Estragon in Bioläden, Obst- und Gemüsegeschäften. Man kann das Kraut auch in Töpfen zu Hause ziehen. Wie so viele andere Kräuter, wird Estragon verwendet, um schwere Speisen verdaulicher zu machen, denn die Magensäfte werden durch ihn angeregt. Wie die Wassermelone hilft er, Wasseransammlungen im Körper auszuschwemmen – in diesem Rezept hat sich also ein wahres Traumpaar gefunden!

ZITRUSFRISCHER
HOCHGENUSS

APFEL-ZITRONEN-LIMO

FITMACHER DER EXTRAKLASSE Der Apfel ist unser heimischer Vitaminspender, und das rund ums Jahr. Unter der Apfelschale stecken viele Vitamine, deswegen sollte man so oft wie möglich die Schale mitessen. Dabei unbedingt auf Äpfel in Bioqualität zurückgreifen, denn leider gehören konventionelle Äpfel zu den am meisten gespritzten Obstsorten. Ansonsten gilt das Motto: „One apple a day – keeps the doctor away."

FÜR CA. 1 LITER:

— 2 kleine Äpfel (bevorzugt Golden Delicious)
— 3 Stiele Basilikum
— 2 unbehandelte Zitronen
— 5 EL durchsichtige Apfelsüße
— 800 ml Wasser

1 Die Äpfel waschen, vierteln und die Kerngehäuse entfernen. Das Basilikum waschen und die Blätter von den Stielen zupfen. Die Zitronen heiß waschen und halbieren, 1 ½ Zitronen auspressen, die übrige Zitronenhälfte beiseitelegen.

2 Die Äpfel, das Basilikum, den Zitronensaft und die übrige Zitronenhälfte in den Mixer geben. Die Apfelsüße und die Hälfte des Wassers dazugeben und alles zunächst auf niedriger Stufe, dann auf höchster Stufe 30 Sekunden kräftig zerkleinern, sodass auch die Zitronenschale fein gemixt wird. Dann das restliche Wasser dazugießen und nochmals aufschlagen. Die Limo auf Gläser verteilen und nach Belieben mit Basilikumblättern dekorieren.

ERDBEER-MINZ-LIMO

KEEP COOL Die Pfefferminze ist durch ihre stark belebende und kühlende Wirkung das ideale Sommerkraut – und sie wächst fast überall. Man findet sie nicht nur im Bioladen, sondern auch draußen auf den Wiesen. Wenn man ihre Blätter einmal kennt, findet man sie ganz leicht. Ohne das frische Minzaroma wäre die Welt um ein paar Leckereien ärmer ...

FÜR CA. 1 LITER:

— 400 g Erdbeeren
— 1 Handvoll Minzeblätter
— 2 EL Acaipulver (siehe S. 18)
— 5 EL Agavendicksaft
— 8 Eiswürfel
— ½ l Mineralwasser mit Kohlensäure

1 Die Erdbeeren waschen und putzen. Die Minzeblätter waschen. Erdbeeren, Minze, Acaipulver, Agavendicksaft und Eiswürfel in den Mixer geben und zunächst auf niedriger Stufe, dann auf höchster Stufe fein pürieren.

2 Auf Gläser oder Flaschen verteilen, vorsichtig mit dem Mineralwasser aufgießen und mit Strohhalm genießen.

PRICKELNDES FRUCHT-ERLEBNIS

SCHORLE MAL ANDERS Grapefruit-Diäten sind schon längere Zeit in Mode. Es gab bereits einige Studien dazu, ob Grapefruits wirklich beim Abnehmen helfen. Einige belegten die positive Wirkung von Grapefruits auf das Körpergewicht. Die Vitamin-C-reiche Frucht kann aber auch eine starke Wechselwirkung mit einigen Medikamenten haben (z.B. Antidepressiva, Blutdrucksenkern, Schmerzmitteln).

FÜR CA. 1 LITER:
— 4 große Pink-Grapefruits
— 6 EL heller Agavendicksaft
— 10 Eiswürfel
— 200 ml Wasser

1 Die Grapefruits halbieren und auspressen. Den Saft in den Mixer geben.

2 Den Agavendicksaft, die Eiswürfel und das Wasser dazugeben und zunächst auf niedriger Stufe, dann auf höchster Stufe 30 Sekunden glatt mixen. Auf Gläser verteilen und genießen.

GRAPEFRUIT-LIMO

DIE BESTEN DRINKS FÜR KIDS

Kids und Vitamine? Da muss man manchmal ein bisschen tricksen, damit die Kleinen all die Nährstoffe zu sich nehmen, die sie täglich brauchen. Wer kennt sie nicht, die Diskussionen um gesundes Obst und Gemüse! Wenn Sie die Vitalstoffe aber bunt und schmackhaft verpacken, greifen Ihre Kids garantiert gerne zu. Unsere Drinks machen den Kindern nicht nur richtig Spaß – sie schmecken auch toll! ///

FROZEN-BANANA-DRINK

Perfekt für heiße Sommertage! Einfach den Kleinen ein Glas davon in die Hand geben – und in den nächsten Minuten hören Sie nichts außer ein genüssliches: Hmmm!

KIWI-SPINAT-SMOOTHIE

Allein schon die tolle grüne Farbe macht einfach Spaß! Anders als viele andere grüne Smoothies schmeckt dieser hier richtig schön samtig. Das mögen kleine Kindergaumen gern!

MACADAMIA-SCHOKO-SMOOTHIE

Kids mögen Kakao. Vor allem, wenn er schön süß ist. Dank Bananen und Superfoods ist dieser Smoothie hier nicht nur herrlich cremig, sondern steckt voller Nährstoffe, die groß und stark machen!

MAL FRUCHTIG, MAL SCHOKOLADIG – UNSERE DRINKS MACHEN KINDER GLÜCKLICH UND STARK!

BEEREN-MÜSLI-SMOOTHIE

Ein super Start in den Tag! Vor allem, weil Sie den Drink schon am Vortag zubereiten können – das spart am Morgen Zeit. Der Smoothie ist nicht nur nahrhaft und sättigend. Er ist auch ein perfekter Kalzium-Lieferant. Kalzium ist besonders wichtig für Kinder im Wachstum.

ERDBEER-MINZ-LIMO

Spaß im Glas! Die Limo blubbert so schön – das mögen kleine wie große Naschkatzen gern. Und dank der tropischen Acaibeeren gibt's dazu noch eine Extraportion Vitamine und Mineralstoffe.

KIRSCH-KAKAO-DRINK

Alle Kinder klettern gern auf Kirschbäume, um deren süße Früchte zu ergattern. Die darin enthaltene Kombi aus Vitaminen und Mineralstoffen macht Kirschen zu einem idealen Kinderobst: Sie untestützen z.B. den Aufbau von Knochen und Zähnen.

LAVENDEL-„MILCH" MIT KAMILLE

Falls die Kids mal überdreht sind oder einfach nicht einschlafen können: Dieser Drink ist die perfekt Gute-Nacht-Geschichte zum Trinken!

FÜR CA. 1 LITER:

— 2 EL Chiasamen
— 400 ml Wasser
— 2 Orangen
— 5 Ringelblumen
— 25 g Gojibeeren
— ½ TL flüssiges Stevia
— 16–20 Eiswürfel

1 Die Chiasamen in 400 ml Wasser geben und mindestens 15 Minuten quellen lassen. Zwischendurch immer wieder umrühren, damit sich keine Klumpen bilden.

2 Inzwischen die Orangen halbieren und auspressen. Die Ringelblumen waschen. Mit Gojibeeren, Orangensaft, Stevia und Eiswürfeln in den Mixer geben und zunächst auf niedriger Stufe, dann auf hoher Stufe zu einem cremigen Granité mixen, dabei mit dem Stößel arbeiten.

3 Das Limo-Granité auf kleine Gläser verteilen, jeweils einige Chiasamen darübergeben und leicht unterrühren.

EISKALT UND ANGENEHM SÜSS Dieses Granité erhält seine leichte Süße durch Stevia, eine südamerikanische Staudenpflanze. Stevia hat einen intensiven, lakritzigartigen Eigengeschmack, der in kleinen Mengen – wie in Drinks – kaum zu erkennen ist. Zum Süßen von Backwaren braucht man dagegen größere Mengen, der Eigengeschmack ist dann meist gewöhnungsbedürftig, da er sehr bitter wird. Der Vorteil dieses Süßungsmittels ist, dass es kalorienfrei und für Diabetiker geeignet ist.

RINGELBLUMEN-ORANGEN-GRANITÉ

BITTE
WARTEZEIT
BEACHTEN

NANA-MINZE-LIMO

FÜR 0,5 LITER:

— 50 g loser chinesischer
  grüner Tee
— 4 Beutel Pfefferminztee
— ½ l Wasser
— 3 Stiele Nana-Pfefferminze
— 80 g Succanat (Rohrzucker)
— 8 Eiswürfel

1 Den grünen Tee und den Pfefferminztee in dem kalten Wasser 1 Stunde ziehen lassen. Anschließend den Tee durch ein Haarsieb in den Mixer gießen.

2 Die Pfefferminzstiele und -blätter waschen. Mit Succanat und Eiswürfeln zu dem grünen Tee in den Mixer geben und zunächst auf niedriger Stufe, dann auf höchster Stufe 1 Minute schaumig schlagen. Auf Gläser verteilen und genießen.

AROMAWUNDER In Marokko wird dieser Tee liebevoll „Whiskey Maroc" genannt. Die Menschen in arabischen Kulturen lieben ihren Tee. Auf kleinen Tonkohle-Grills werden winzige Teekännchen mit Grüntee und Minze gekocht, die Gastgeber schenken das Getränk kunstvoll aus großer Höhe in winzige Gläser, damit der klassische Schaum entsteht. Dies gelingt nur mit viel Zucker und mit dem fast akrobatisch wirkenden Einschenken.
Meine „Rohkostvariante" dieses Tees ist viel sanfter zum Magen, sie ist weicher und weniger bitter im Geschmack. Das Teein wirkt im Kaltauszug genauso wie beim heißen Aufguss. Die frische Minze ist lebendig und aromatisch. Der kalte „Whiskey Maroc" mit seinem feinporigen Schaum gibt einem das Gefühl, auf einem Berberteppich zu sitzen und im Kerzenschein Geschichten von Tausendundeiner Nacht zu lauschen.

SCHWARZTEE-CHIA-LIMO

1 Den schwarzen Tee in 850 ml kaltem Wasser 1 Stunde ziehen lassen. Die Chiasamen in den restlichen 250 ml Wasser quellen lassen. Zwischendurch immer wieder umrühren, damit sich keine Klumpen bilden.

2 Den Tee durch ein Haarsieb in den Mixer gießen. Eine Zitrone halbieren und auspressen. Den Zitronensaft und die Apfelsüße zum Schwarztee in den Mixer geben und alles zunächst auf niedriger Stufe, dann auf hoher Stufe 20 Sekunden aufschlagen.

3 Die restliche Zitronenhälfte heiß waschen, in dünne Spalten schneiden und gegebenenfalls die Kerne entfernen. Die Eiswürfel, die Chiasamen und die Zitronenspalten in den Tee geben und unterrühren.

DURCHHÄNGER? BYE-BYE!

Ich habe schon viel über Chiasamen gelesen. Das erste Mal in einem Buch, in dem mexikanische Superläufer nur mit Chiasamen und Wasser im Gepäck Hunderte von Kilometern laufen. Ähnlich Erstaunliches habe ich bei einem Kochworkshop erlebt: Am Morgen gab es Chiapudding zum Frühstück. Danach sind wir „wie auf Schienen" vier Stunden einen Berg hinaufgegangen. Erstaunlicherweise gab es am Folgetag keine Muskelbeschwerden oder Ermüdungserscheinungen – selbst bei untrainierten Gehern. Die kleinen Samen sind wahre Kraftpakete: Sie stecken voller Omega-3- und Omega-6-Fettsäuren im günstigen Verhältnis. Außerdem sind sie u. a. reich an Antioxidantien, Eisen, Kalzium und Kalium.

BITTE
WARTEZEIT
BEACHTEN

FÜR CA. 1 LITER:

- 50 g loser schwarzer Tee
  (bevorzugt Assam)
- 1,1 l Wasser
- 4 EL Chiasamen
- 1½ unbehandelte Zitronen
- 5 EL durchsichtige
  Apfelsüße
- 10 Eiswürfel

BITTE
WARTEZEIT
BEACHTEN

TROPISCHER DRINK mit Maracujas und Mango! Die ursprünglich aus Südamerika stammende Maracuja, auch Passionsfrucht genannt, bekommt man in verschiedenen Formen, Farben und Geschmacksrichtungen. Maracujas werden von uns auch gern in größeren Mengen halbiert und das Fruchtfleisch direkt aus der Schale gelöffelt. Ihr einzigartiger Geschmack belebt, und man merkt schon beim Essen, dass diese kleine runde Frucht voller Vitamine steckt. Ihre Nährstoffe schützen den Körper durch ihre antioxidative Wirkung und greifen dem Immunsystem zellschützend unter die Arme.
Den Kräutertee in der Limo kann man übrigens auch durch Wasser ersetzen.

MANGO-MARACUJA-LIMO

FÜR CA. 1 LITER:

— 4 EL loser Kräutertee
  (Sorte nach Belieben)
— 650 ml Wasser
— ½ reife Mango
— 5 kleine Maracujas
— 1 EL heller Agavendicksaft

1 Den Kräutertee in 650 ml kaltes Wasser geben und 1 bis 2 Stunden ziehen lassen. Danach durch ein Haarsieb in den Mixer gießen. Anschließend die Mango schälen und das Fruchtfleisch vom Stein schneiden.

2 Drei Maracujas halbieren und das Fruchtfleisch mit einem Löffel herauslösen. Mit der Mango sowie dem Agavendicksaft zum Tee in den Mixer geben und zunächst auf niedriger Stufe, dann auf höchster Stufe mindestens 30 Sekunden aufschlagen.

3 Das Fruchtfleisch aus den restlichen 2 Maracujas herauslösen und in den Mixer geben. Dann auf kleinster Stufe kurz verquirlen, dabei sollten die Kerne ganz bleiben. Nach Belieben mit Eis servieren.

SUMMER-FEELING!

An Sommertagen gibt es nichts
Schöneres, als sich in den Erdbeer-
feldern die roten, aromatischen
Früchte in den Mund zu stecken.
Ohne die klassische Sahnehaube
sind sie kalorienarm und enthalten reichlich Vitamin C.

ERDBEER-GOJI-LIMO

FÜR CA. 1 LITER:
— 400 g Erdbeeren
— ½ Zitrone
— 25 g Gojibeeren
— 4 EL Agavendicksaft
— 400 ml Wasser
— 8 Eiswürfel
— ½ Vanilleschote

1 Die Erdbeeren waschen und putzen. Die Zitrone halbieren und auspressen.

2 Erdbeeren, Zitronensaft, Gojibeeren, Agavendicksaft, Wasser und Eiswürfel in den Mixer geben. Die Vanilleschote längs aufschneiden und das Mark mit einem spitzen Messer direkt in den Mixer kratzen.

3 Alles zunächst auf niedriger Stufe, dann auf höchster Stufe 30 Sekunden schaumig aufschlagen. Auf Gläser oder Flaschen verteilen und genießen.

POWER-DRINK MIT VANILLE-GESCHMACK

MATCHA-ORANGEN-LIMO

AUF TRADITIONELLEN PFADEN Matcha ist das Getränk, das im alten Japan von Samurais und Wohlhabenden zeremoniell getrunken wurde. Dieser besonders behandelte Grüntee von höchster Qualität weckt den Geist und schärft die Sinne. Er kühlt, wirkt kräftig auf nüchternen Magen, und es ist nicht ratsam, ihn als Kick-Start in den Tag zu genießen. Denn auch wenn Matcha bei uns gerne als Kaffeeersatz getrunken wird, ist er doch ein rituelles Getränk von aufwendiger, hochwertiger Qualität.

FÜR CA. 1 LITER:

— 3 Orangen
— 1 Blatt Aloe vera
  (6 cm lang; siehe S. 13
  und S. 34)
— 10 frische Pfefferminz-
  blätter
— 2 TL Matchapulver
  (fein gemahlener japa-
  nischer grüner Tee)
— 5 EL heller Agavendicksaft
— 6 Eiswürfel
— 650 ml Wasser

1 Die Orangen halbieren und auspressen. Das durchsichtige Mark der Aloe vera aus der Blattrinde schneiden. Die Pfefferminzblätter waschen.

2 Den Orangensaft, die Aloe vera und die Minzeblätter in den Mixer geben. Matchapulver, Agavendicksaft, Eiswürfel und Wasser dazugeben und alles zunächst auf niedriger Stufe, dann auf höchster Stufe schaumig aufschlagen. Auf Gläser verteilen und sofort servieren. Nach Belieben mit Orangenspalten garnieren.

83
—
WILDKRÄUTER DRINKS

FÜR CA. 1 LITER:

— 4 Aprikosen
— 1 Handvoll Frauenmantel-
  blätter und -blüten
  (siehe S. 14)
— 3 Orangen
— 1 Blüte von der Taglilie
  (siehe S. 17)
— 350 ml Wasser

1 Die Aprikosen waschen, halbieren und den Stein ent-fernen. Den Frauenmantel waschen und einige Blüten für die Dekoration beiseitelegen. Die Orangen halbieren und auspressen. Die Taglilie waschen.

2 Aprikosen, Frauenmantel, Orangensaft, Taglilie und Wasser in den Mixer geben und zunächst auf nied-riger Stufe, dann auf höchster Stufe 20 Sekunden mixen. Auf Gläser verteilen und mit den beiseite-gelegten Blüten bestreuen.

BLÜTENTRÄUME Nicht nur, dass Frauenmantel in der Volkskunde eine lange Liste an Heilwirkungen aufweist – die Pflanze zeigt sich uns am Morgen, wenn sich die Tautropfen in ihren weichen Blättern sammeln, mit ihrem funkelnden Antlitz. Es lohnt sich also gleich in zweierlei Hinsicht, mit dem ersten Tageslicht aufzustehen und die Natur auf uns wirken zu lassen.

FRAUENMANTEL-APRIKOSEN-DRINK

LECKER, LEICHT UND HÜBSCH

VITAMIN-
POWER-MIX

MANGOLD-APRIKOSEN-SHAKE MIT KRÄUTERN

FÜR CA. 1 LITER:

— 80 g Mangold
— 1 Handvoll Schafgarben-
  blätter
— 4 Stiele Brennnesselspitzen
— 4 junge Löwenzahnblätter
— 1 kleine Handvoll Beifuß-
  blätter
— 1 kleine Handvoll Kleeblüten
  (weiß und rot)
— 1 kleiner Apfel
— 70 g getrocknete Aprikosen
— 2 EL Leinsamen
— 700 ml Wasser

1 Mangold putzen, waschen und grob schneiden. Schaf-garbe, Brennnessel, Löwenzahn, Beifuß und Klee waschen. Mangold mit Kräutern und Blüten in den Mixer geben.

2 Den Apfel waschen, vierteln und das Kerngehäuse entfer-nen. Apfel, Aprikosen, Leinsamen und Wasser zu den Kräutern in den Mixer geben und zunächst auf niedriger Stufe, dann auf höchster Stufe 45 Sekunden mixen. Auf Gläser verteilen und servieren.

EIN SCHÖNER KONTRAST Grün und Rot sind Komplementärfarben. Wenn man es so sieht, ist das Chlorophyll, das die Flora in so sattem Blattgrün erscheinen lässt, das Gegenstück zum Hämoglobin, das unser Blut rot färbt. In der Farbenlehre wird der Komplementärkontrast dazu verwendet, Bildern mehr Leben und Leuchtkraft zu geben. Vielleicht ist es also kein Zufall, dass wir mit dem intensiven Grün des Chlorophylls mehr „Leuchtkraft" und Vitalität in unsere Körper bringen?

ANANAS-KOKOS-TRAUM MIT WILDBLÜTEN

NICHT NUR WAS FÜRS AUGE

1 Ananas schälen, vierteln und den harten Strunk entfernen. Zitronenmelisse waschen und die Blätter von den Stielen zupfen.

2 Kokosdrink, Ananas, Zitronenmelisse, Agavendicksaft und Wasser in den Mixer geben und alles zunächst auf niedriger Stufe, dann auf höchster Stufe 20 Sekunden sehr fein mixen.

3 Die Blütenblätter von ihren Kelchen abzupfen. Drei Viertel der Blüten in den Mixer geben und auf kleinster Stufe unter-rühren. Den Drink auf Gläser verteilen und mit den restlichen Blüten bestreut servieren.

GESUNDHEIT AUF ANORDNUNG Die auch bei uns weitverbreitete Zitronenmelisse musste im Mittelalter – sogar per Verordnung – in jedem Klostergarten angebaut werden. Sie wurde schon damals für sehr wertvoll und unentbehrlich gehalten. Sie wirkt auf uns beruhigend, entspannend, kühlend, antibakteriell, und mit ihrem weichen zitronigen Geschmack rundet sie die starke Fruchtsäure der Ananas wundervoll ab.

FÜR CA. 1 LITER:
— ½ Ananas
— 1 Handvoll Zitronenmelisse
— 300 ml Kokosdrink
   (Grundrezept siehe S. 23)
— 2 EL heller Agavendicksaft
— 150 ml Wasser
— 1 Handvoll gemischte Wildblüten-
   blätter (z.B. Kornblumen, Ringelblumen, Frauenmantelblüten,
   Rosenblüten, Kamillenblüten,
   Malven und Gänseblümchen)

BRENNNESSEL-LIMO

FÜR CA. 1 LITER:

— 6 Stiele junge Brennnesselspitzen
— 2 Stiele Zitronenverbene
  (oder Minze)
— 2 Zitronen
— ½ unbehandelte Zitrone
— 6 EL durchsichtige Apfelsüße
— 600 ml kaltes Wasser

1 Die Brennnesselspitzen waschen. Die Zitronenverbene waschen und die Blätter von den Stielen zupfen. Die Zitronen halbieren und auspressen. Die unbehandelte Zitronenhälfte heiß waschen und die Kerne entfernen.

2 Brennnessel, Zitronenverbene, Zitronensaft, Zitronenhälfte, Apfelsüße und die Hälfte des Wassers in den Mixer geben. Zunächst auf niedriger Stufe, dann auf höchster Stufe 45 Sekunden mixen, sodass die Schale der Zitrone und die Brennnessel sehr fein gemixt werden.

3 Das restliche Wasser dazugeben und nochmals kurz aufmixen. Den Drink nach Belieben auf Eis servieren.

VERBORGENER SCHATZ Die Brennnessel sollte in unseren Gärten einen Ehrenplatz bekommen – stattdessen zupfen wir sie als Unkraut aus dem Beet. Da ihre Ansprüche an den Boden aber sehr gering sind, findet man sie fast überall. Nicht nur ihre frischen Triebe wirken wahre Wunder, auch die Samen, die im Herbst geerntet werden, geben Kraft und helfen bei Erschöpfungszuständen. Ähnlich wie die Chiasamen, nur, dass die Nesselpflanze einfacher und günstiger zu halten ist. Vielleicht ändert sich mit diesem Wissen bei dem ein oder anderen die Sichtweise auf diese besondere Pflanze.

LECKERER
GESUNDHEITS-
DRINK

SPITZKOHL-MÖHREN-DRINK

OLDIE BUT GOLDIE Spitzkohl und Möhren sind sehr vitamin- und vitalstoffreiche Gemüsesorten, die es bei uns in Deutschland fast das ganze Jahr über frisch und regional zu kaufen gibt. Wer meint, vegan und ausgewogen sei teuer und kompliziert, der hat wohl zu wenig Möhren und Spitzkohl auf seinem Speiseplan. Gemixt, gebraten, gekocht, geschmort, gebacken oder roh milchsauer eingelegt – so abwechslungsreich kommt das Gemüse auf den Tisch. Die beiden Gemüsesorten „verstehen" sich super, bringen Farbe ins Leben und machen sich positiv auf dem Kassenbon bemerkbar.

FÜR CA. 1 LITER:
— 4 Bundmöhren
— ¼ Spitzkohl
— 5 g Kurkumawurzel
— 1 Limette
— 1 Handvoll Pimpinelle
— 2 EL Tahini (Sesammus)
— ½ TL Salz
— 600 ml Wasser
— schwarze und weiße
   Sesamsamen

1 Die Möhren putzen und schälen. Die äußeren Blätter vom Spitzkohl entfernen und den Strunk herausschneiden. Den Kohl waschen und grob schneiden. Die Kurkuma schälen. Die Limette halbieren und auspressen. Die Pimpinelle waschen.

2 Die vorbereiteten Zutaten in den Mixer geben. Tahini, Salz und Wasser hinzufügen und zunächst auf niedriger Stufe, dann auf höchster Stufe 45 Sekunden schaumig aufschlagen. Auf Gläser verteilen und mit den Sesamsamen bestreuen.

GRÜNER
SUPERHELD

KIWI-SPINAT-SMOOTHIE

GRÜNE WELLE FÜR GENIESSER Wenn man die Möglichkeit hat, die seltenere Gold Kiwi zu erstehen, dann heißt es zugreifen! Denn sie besitzt süßes Fruchtfleisch, wenig Säure und hat doppelt so viel Vitamin C wie ihr pelziger, grüner Artgenosse.

FÜR CA. 1 LITER:
— 3 Kiwis
   (bevorzugt Gold Kiwis)
— 200 g Babyspinat
— 15 Blätter Spitzwegerich
— ½ TL Chlorellapulver
   (siehe S. 19)
— 1 EL kalt gepresstes Olivenöl
— ½ l Wasser

1 Die Kiwis schälen. Den Spinat und den Spitzwegerich waschen.

2 Kiwis, Spinat, Spitzwegerich, Chlorellapulver, Olivenöl und Wasser in den Mixer geben und zunächst auf niedriger Stufe, dann auf hoher Stufe 30 Sekunden sehr fein mixen. Auf Gläser verteilen und genießen.

DIE WÜRZE MACHT'S

Rucola eignet sich mit seinem frischen, würzigen und scharfen Aroma zum Aufpeppen von Blattsalaten und wird auch gerne für die Zubereitung von Pesto verwendet. Im Smoothie ist er etwas ganz Besonderes, denn mit seinem hohen Jodgehalt und den kräftigen Senfölen unterstützt er nicht nur die Funktion der Schilddrüse, sondern ist auch antibakteriell und keimtötend. Das unkomplizierte Kraut gedeiht an sonnigen Plätzen und sät sich von alleine aus, sodass man jedes Jahr aufs Neue seine aromatischen Blätter – am besten vor der Blütezeit – ernten kann.

1 Die Orangen halbieren und auspressen. Die Pfirsiche waschen, halbieren und entsteinen. Den Rucola verlesen und waschen.

2 Den Spitzwegerich, die Kapuzinerkresse und das Johanniskraut waschen. Die Blüten und Blätter von den Stielen des Johanniskrauts zupfen.

3 Alle vorbereiteten Zutaten, Spirulina und Wasser in den Mixer geben und zunächst auf niedriger Stufe, dann auf hoher Stufe 30 Sekunden mixen. Auf Gläser verteilen und nach Belieben mit Spitzwegerich dekorieren.

GEHALT-VOLLER SATTMACHER

RUCOLA-PFIRSICH-SMOOTHIE MIT KRESSE

FÜR CA. 1 LITER:
— 2 Orangen
— 3 Stück Pfirsiche
— 30 g Rucola
— 6 Blätter Spitzwegerich
— 4 Blätter Kapuzinerkresse
— 3 Stiele Johanniskraut
— ¾ TL Spirulinapulver
  (siehe S. 19)
— 350 ml Wasser

FELDSALAT-AVOCADO-SMOOTHIE

CREAMY DREAM IN GREEN Dieser Drink schmeckt fantastisch und bekommt durch den Leinsamen ein Extra-Gesundheits-Plus: Er ist besonders ballaststoffreich und hilft bei Verdauungsproblemen. Des Weiteren hat er einen hohen Anteil an Eiweiß, Eisen und Vitamin E. Der geschrotete Samen kann in der veganen Küche übrigens gut als „Bindemittel" verwendet werden.

FÜR CA. 1 LITER:

— 1 Zitrone
— 30 g Feldsalat
— ½ Bund Sauerampfer
— 1 kleine Avocado
— 80 g getrocknete, weiche Feigen
— ½ EL Leinsamen
— 600 ml Wasser

1 Die Zitrone halbieren und auspressen. Den Feldsalat und den Sauerampfer verlesen und waschen. Die Avocado halbieren und den Stein entfernen, die Hälften schälen.

2 Die vorbereiteten Zutaten und die Feigen in den Mixer geben. Den Leinsamen und das Wasser hinzufügen, alles zunächst auf niedriger Stufe, dann auf höchster Stufe gut 30 Sekunden mixen. Auf Gläser verteilen und genießen.

FITNESS-
TRUNK

101

POWER DRINKS
– HOT & COLD

BITTE
WARTEZEIT
BEACHTEN

COLD-BREWED-COFFEE

FÜR CA. 0,5 LITER:
— 50 g Arabica-Kaffeebohnen
— ½ l Wasser
— 100 g Cashewkerne
   (oder Cashewbruch)
— Wasser zum Einweichen
— 6 Eiswürfel
— 5 EL Ahornsirup
— 1 Vanilleschote

1 Die Kaffeebohnen im Mixer zunächst auf niedriger, dann auf hoher Stufe 10 Sekunden grob mahlen, in eine Schüssel geben, ½ l Wasser dazugießen und die Mischung über Nacht ziehen lassen. Cashewkerne oder -bruch ebenfalls über Nacht in einer Schüssel in reichlich Wasser einweichen.

2 Am nächsten Tag den Kaffee durch ein Haarsieb in den Mixer gießen (ergibt 325 ml Kaffee) und die abgetropften Cashews, die Eiswürfel und den Ahornsirup dazugeben.

3 Die Vanilleschote längs aufschneiden, das Mark mit einem spitzen Messer herauskratzen und in den Mixer geben. Alles zunächst auf niedriger Stufe, dann auf höchster Stufe 30 Sekunden cremig aufschlagen. Auf Gläser verteilen und servieren.

ENEGRIE PUR! Als Halbitaliener fällt es schwer, zuzugeben, dass es eine bessere Kaffeezubereitung gibt, als Espresso. Doch dieser Kaltauszug der gerösteten Dschungelbohne schmeckt im Vergleich sehr säurearm, ist einfach zuzubereiten, und man kann ihn super im Kühlschrank aufbewahren (er hält sich dort, ohne an Qualität zu verlieren, 3 bis 4 Tage). Wer den Cold-Brewed-Coffee probiert hat, wird jeden Cappuccino und Espresso ab sofort stehen lassen. Wenn es ein warmer Kaffee sein soll, die Zutaten (ohne Eiswürfel) in den Mixer geben und auf höchster Stufe aufschlagen, bis er warm ist.

FROZEN-BANANA-COFFEE

FÜR CA. 1 LITER:

— 2 Bananen
— 30 g Arabica-Kaffeebohnen
— 70 g Deglet-Nour-Datteln
— 650 ml Wasser
— 3 EL weißes Tahini
  (Sesammus)
— 1 EL Zitronensaft
— 1 EL Kakao-Nibs
  (aus dem Bioladen; siehe S. 19)

1 Die Bananen schälen, nebeneinander in einen Gefrierbeutel legen, den Beutel verschließen und die Bananen 4 Stunden einfrieren. Den Kaffee in den Mixer geben und auf hoher Stufe 5 Sekunden grob mahlen. Herausnehmen und beiseitestellen.

2 Die Datteln halbieren und entsteinen. Wasser, Tahini, Zitronensaft und Datteln im Mixer zunächst auf niedriger Stufe, dann auf höchster Stufe 30 Sekunden fein mixen. Die Bananen dazugeben und alles nochmal 10 Sekunden auf höchster Sufe mixen. Zum Schluss die gemahlenen Kaffeebohnen und die Kakao-Nibs bei mittlerer Stufe einrühren. Den Frozen-Banana-Coffee auf Gläser verteilen und am besten mit Löffeln servieren.

STRACCIATELLA MAL ANDERS Wir verwenden hauptsächlich zwei Dattelsorten: Die Deglet-Nour und die Medjool-Dattel. Die Deglet-Nour-Dattel ist eine kleine, härtere Sorte, die mit und ohne Stein erhältlich und preislich recht erschwinglich ist. Die Medjool, die Königin unter den Datteln, ist eine Delikatesse. Sie ist weich, elegant, aromatisch und immer mit Stein, der aber sehr einfach entfernt werden kann. Preislich ist sie ein bisschen weiter oben angesiedelt, aber jeden Cent wert! In Wasser eingeweichte Deglet-Nour-Datteln werden beim Mixen cremiger. Das Einweichwasser aber mitverwenden – hier versteckt sich die Süße.

BITTE
WARTEZEIT
BEACHTEN

BEEREN-MÜSLI-SMOOTHIE

DRINK MIT XXL-SUCHTFAKTOR Statt der Flocken und der Mandeln kann man auch einfach sein Lieblingsmüsli für den Smoothie verwenden. Dann aber am besten den Sirup weglassen – fertige Müslis sind nämlich meist gesüßt.

FÜR CA. 1 LITER:

— 40 g Dinkelflocken
— 40 g Haferflocken
— 30 g Mandeln (mit Haut)
— 1 EL natives Kokosöl
— 40 g Schwarze Johannis-
  beeren
— 40 g Blaubeeren
— 125 g Himbeeren
— 4 EL Ahornsirup
— ½ l Wasser

1 Die Dinkel- und Haferflocken mit den Mandeln in einer Pfanne im Kokosöl anrösten und kurz abkühlen lassen.

2 Die Johannisbeeren von den Rispen streifen und mit den Blaubeeren und Himbeeren verlesen und waschen. Die Beeren, den Ahornsirup, die geröstete Flockenmischung und das Wasser in den Mixer geben und zunächst auf niedriger Stufe, dann auf hoher Stufe 30 Sekunden mixen. Auf Gläser verteilen und servieren.

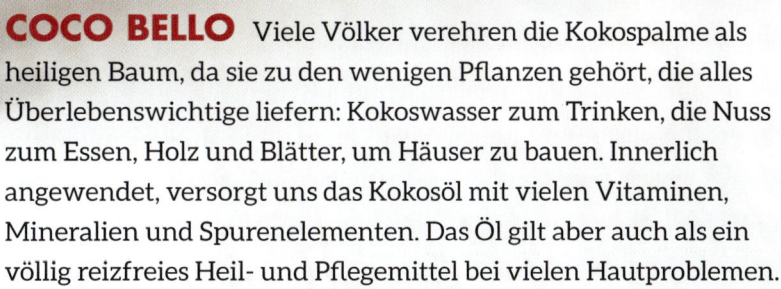

COCO BELLO Viele Völker verehren die Kokospalme als heiligen Baum, da sie zu den wenigen Pflanzen gehört, die alles Überlebenswichtige liefern: Kokoswasser zum Trinken, die Nuss zum Essen, Holz und Blätter, um Häuser zu bauen. Innerlich angewendet, versorgt uns das Kokosöl mit vielen Vitaminen, Mineralien und Spurenelementen. Das Öl gilt aber auch als ein völlig reizfreies Heil- und Pflegemittel bei vielen Hautproblemen.

SCHOKO-ENERGY Die anregende Wirkung von rohem Kakao ist nicht zu unterschätzen. Während einer langen Autofahrt habe ich – etwas unaufmerksam und mit zu viel Appetit – fast 250 g Kakaobohnen gegessen. Der Hunger war gestillt und das Treffen mit meiner Freundin sehr amüsant. Sie hat mich nicht nur einmal gefragt, wieso ich denn heute so besonders euphorisch und guter Laune bin. Es hat ein wenig gedauert, bis ich ihr diese Frage beantworten konnte. Aber in dem Moment, als ich die leere Packung aus meiner Handtasche gefischt habe, kam mir der Zusammenhang. Mittlerweile nutze ich die Wirkung etwas gezielter und genieße die Glückshormone, die der Körper beim Verzehr des „braunen Golds" ausschüttet. Im Gegensatz zum Kaffee lässt die belebende Wirkung viel sanfter nach, und das Müdigkeitsloch bleibt aus.

KAKAO-SHOT

FÜR CA. 1 LITER:
— 50 g rohe Kakaobohnen
  (siehe S. 18)
— 35 g Cashewkerne
— 5 g Ingwerwurzel
— 1 Vanilleschote
— 8 EL Ahornsirup
— 3 EL rohes Kakaopulver
  (siehe S. 19)
— 400 ml Wasser
— 10 Eiswürfel

1 Kakaobohnen und Cashewkerne in den Mixer geben. Den Ingwer schälen und in Stücke schneiden. Die Vanilleschote längs aufschneiden und das Mark mit einem spitzen Messer herauskratzen.

2 Den Ingwer, das Vanillemark, den Ahornsirup, das Kakaopulver und die Hälfte des Wassers in den Mixer geben und zunächst auf niedriger Stufe, dann auf höchster Stufe 1 Minute mixen.

3 Das restliche Wasser und die Eiswürfel hinzufügen und so lange mixen, bis das Eis zerkleinert ist. Auf kleine Gläser verteilen und servieren.

DIE BESTEN DETOX DRINKS

Während die Wissenschaft Detox-Kuren argwöhnisch unter die Lupe nimmt, sind die Magazine voll von Entschlackungssmoothies. Wer schon eine Entgiftungskur nach Ayurveda und Co. gemacht hat, weiß, wie positiv sich dadurch das Körpergefühl verändert. Vorsorglich können wir „gesunde" Ernährung aber auch schon in unseren Alltag integrieren. Dabei helfen unsere Drinks!

//

ALOE-GURKEN-SMOOTHIE

Der würzige „Leckerbissen" ist eine kleine Wunderwaffe um den Körper fit und gesund zu halten! Gurke wirkt entwässernd und unterstützt Harnblase und Nieren. Das hilft dem Körper, zu entgiften. Ganz nebenbei fördert Aloe vera unsere Verdauung und sorgt für schöne Haut.

ORANGE-KURKUMA-DETOX-DRINK

Die Leber ist eines unserer wichtigsten Entgiftungsorgane, dem aber zunehmende negative Umwelteinflüsse oft sehr zu schaffen machen. Durch das Gewürz Kurkuma kann man sie unterstützen: Die orangefarbene Wurzel enthält Curcumin, welches bei der Zellerneuerung – auch bei der Leber – hilft.

PFIRSICH-MATCHA-SMOOTHIE

Chlorophyll, das Blattgrün der Pflanzen, ist einer der wichtigsten sekundären Pflanzenstoffe. Und Chlorella enthält besonders viel davon! In Kombination mit Matcha sorgt das für schöne, klare Haut – und hilft dem Körper, gesund und fit zu bleiben.

FELDSALAT-AVOCADO-SMOOTHIE

Ein super seidiger Smoothie, der nicht nur dem Gaumen schmeichelt! Das Chlorophyll im enthaltenen Sauerampfer unterstützt den Stoffwechsel und die Zellerneuerung des Körpers. Und Leinsamen im Smoothie sorgen für die wichtigen Ballaststoffe!

UND TSCHÜSS! UNSERE GESUNDEN DRINKS HELFEN DEM KÖRPER, SICH VON BALLAST ZU BEFREIEN!

BRENNNESSEL-LIMO

Die leicht herbe Brennnessel und die zitronig schmeckende Verbene sind hier gesundheitlich das perfekte Team: Brennnesseln wirken entwässernd und unterstützen die Entgiftungsfunktionen der Niere. Verbene wirkt tonisierend. Beides verleiht neuen Schwung!

ANANAS-ZUCCHINO-SMOOTHIE

Es ist noch gar nicht so lange bekannt, dass die Samen des Hanfs supergesund sind. Sie enthalten unter anderem wertvolle Ballaststoffe. Ananas und Zucchini wirken entwässernd – die gesunde Dreier-Kombi hilft dem Stoffwechsel!

ANANAS-KOKOS-TRAUM MIT WILDBLÜTEN

Ananas ist besonders reich an Enzymen, die die Verdauungsfunktionen fördern. Das hilft dem Körper, schädliche Umweltstoffe besser auszuleiten. Auch die Zitronenmelisse kann Magen und Darm auf sanfte Weise unterstützen.

MANGO-KOKOS-SMOOTHIE

FÜR CA. 1 LITER:
— 1 kleine Mango
— 3 Medjool-Datteln
— 600 ml Kokosdrink
   (Grundrezept siehe S. 23)
— 1 TL Acaipulver zum Bestreuen
   (siehe S. 18)

1 Die Mango schälen und das Fruchtfleisch vom Stein schneiden. Die Datteln halbieren und entsteinen.

2 Das Mangofruchtfleisch, die Datteln und den Kokosdrink in den Mixer geben und zunächst auf niedriger Stufe, dann auf hoher Stufe 30 Sekunden mixen. Auf Gläser verteilen und mit etwas Acaipulver bestreuen. Nach Belieben mit Mangospalten anrichten.

SILKY & SMOOTH Die Mango gehört mit 3 g Karotin pro 100 g Fruchtfleisch zu den Karotinreichsten Obstsorten. Nach Bedarf wandelt der Körper die Karotine in Vitamin A (ein Antioxidans) um, welches das Immunsystem unterstützt, vorzeitiger Hautalterung vorbeugt und die Sehkraft stärkt. Vom positiven Effekt der gelben Frucht auf die Haut hat man schon häufig gehört, und es heißt auch, dass sie zu Brei verarbeitet zu einer heilsamen Gesichtsmaske wird.

SCHOKO-KIRSCH-DRINK

CHERRY LADY Ich liebe Kirschen und kann während ihrer Erntezeit schwer auf sie verzichten. Gut, dass die Früchte kleine Nährstoffbomben sind: Sie enthalten unter anderem Kalzium, Eisen, Magnesium, Zink, Kieselsäure, Kalium und Folsäure. Dieses Rezept ist während der Fotoproduktion entstanden. Die Kirschen auf dem Markt waren zu schön, um sie nicht zu kaufen. Ich bin mir nicht sicher, was mir besser gefallen hat: mein Gaumenvergnügen, als ich den Drink probierte, oder das strahlende Gesicht der Fotoassistentin Steffi nach dem ersten Schluck.

FÜR CA. 1 LITER:

— 300 ml Mandeldrink
  (Grundrezept siehe S. 23)
— 2 EL Kakao-Nibs (siehe S. 19)
— 4 EL Ahornsirup
— 300 g frische Süßkirschen
  (oder TK-Süßkirschen)
— 150 ml Wasser
— 4 Eiswürfel

1 Den Mandeldrink mit 1 EL Kakao-Nibs und dem Ahornsirup in den Mixer geben und zunächst auf niedriger Stufe, dann auf hoher Stufe 30 Sekunden mixen.

2 Die Kirschen waschen und entsteinen. Die Kirschen, das Wasser, die Eiswürfel und die restlichen Kakao-Nibs in den Mixer geben und auf hoher Stufe nur kurz aufmixen, bis das Eis klein ist. Auf Gläser verteilen und nach Belieben mit Kornblumenblüten dekoriert servieren.

KALTER
KIRSCH-KUSS

POWER-DRINKS – HOT & COLD

SOME LIKE IT HOT Auf Hawaii habe ich einmal zwei Monate damit verbracht, mich um den Anbau von Ingwer zu kümmern: Dies bedeutet harte Arbeit auf den Knien, denn die Erde wird am Ingwerstrauch immer wieder aufgeschüttet, damit seine Wurzeln nach oben wachsen. So fällt die Ernte leichter, weil die Wurzeln nicht mehr ausgegraben werden müssen. Ingwer ist eine bewährte Heilpflanze, und seine antibakterielle Wirkung ist schon lange bekannt. Er hilft bei Erkältungskrankheiten, fördert die Verdauung und heizt dem Körper durch seine Schärfe so richtig ein.

FÜR CA. 1 LITER:

— 50 g Ingwerwurzel
— 2 unbehandelte Zitronen
— 1 l kochendes Wasser
— 6–8 EL Ahornsirup

1 Ingwer schälen und in dünne Scheiben schneiden. Zitronen heiß waschen und Schale mit dem Sparschäler spiralförmig abziehen. Zitronen halbieren und auspressen.

2 Ingwer, Zitronensaft und Zitronenschale auf vier Teegläser verteilen und mit kochenden Wasser aufgießen. Jeweils etwas Ahornsirup an einem Löffel entlang in das Glas laufen lassen und den Drink nach Belieben mit einer Zimtstange zum Umrühren servieren.

GINGER-LEMON-„HONEY"-DRINK

BITTE WARTEZEIT BEACHTEN

HEISSER APFELTEE MIT VANILLE

INTENSIV IM GESCHMACK Wir lieben Vanille zu fast allem (auch Salzigem) und haben sie deswegen immer zu Hause. Der Geldbeutel freut sich, wenn man sie von Reisen aus Ländern mitbringt, in denen sie wächst. Frische Vanille schimmelt leider schnell, tiefgefroren kann man sie aber wunderbar lagern.

FÜR CA. 1 LITER:

— 1 unbehandelte Zitrone
— 5 g Kurkumawurzel
— 20 g Ingwerwurzel
— 2 Äpfel
— 1 Vanilleschote
— 7 EL durchsichtige Apfelsüße
— 200 ml kaltes Wasser
— ½ l kochendes Wasser

1 Die Zitrone heiß waschen und mit Schale vierteln, Kerne entfernen. Die Kurkuma und den Ingwer schälen, den Ingwer klein schneiden. Die Äpfel waschen, vierteln und entkernen.

2 Zitrone, Kurkuma, Ingwer, Vanilleschote im Ganzen, Apfelsüße und kaltes Wasser in den Mixer geben und zunächst auf niedriger Stufe, dann auf höchster Stufe 45 Sekunden mixen, bis alles ganz fein ist.

3 Die Äpfel dazugeben und nochmals 20 Sekunden aufmixen. Das kochende Wasser untermischen und heiß servieren. Den Apfeltee kann man in einer Thermoskanne auch prima heiß halten.

POWER-DRINKS – HOT & COLD

MANDEL-ZIMT-SHAKE

FÜR CA. 1 LITER:

— 150 g Mandeln (mit Haut)
— Wasser zum Einweichen
— 8 große Medjool-Datteln
— 1 TL Zimtpulver
— 3 EL peruanisches Carobpulver (Mesquite, siehe S. 19)
— ½ Vanilleschote
— 700 ml Wasser

1 Die Mandeln über Nacht in einer Schüssel in reichlich Wasser einweichen. Am nächsten Morgen in ein Sieb abgießen und waschen.

2 Die Datteln halbieren und entsteinen. Mandeln, Datteln, Zimt, Carobpulver, die Vanilleschote im Ganzen und 700 ml Wasser in den Mixer geben und zunächst auf niedriger Stufe, dann auf höchster Stufe 3 Minuten aufschlagen, bis der Drink heiß ist. Auf (Boule-)Tassen verteilen, nach Belieben mit Zimtpulver bestreuen und mit einem Löffel leicht verrühren.

MANDELKERN & CO. Eingeweichte Mandeln sind bei größerem Verzehr einfacher zu verdauen, und die Verstoffwechselung fällt dem Körper viel leichter. Selbst wenn eingeweichte Mandeln wegen der Haltbarkeit wieder getrocknet werden, bleibt der Effekt erhalten. Abgetropft und nur luftgetrocknet, sind sie ein saftiger Snack für zwischendurch und leicht mitzunehmen.

BITTE
WARTEZEIT
BEACHTEN

FÜR CA. 1 LITER:

— 50 g Arabica-Kaffeebohnen
— 800 ml Wasser
— 250 g Kokosraspel
— 4 Medjool-Datteln
— 3 EL Vollrohrzucker
— 40 g rohe Kakaobohnen
— 2 EL schwach entöltes
  Kakaopulver
— ½ TL Johannisbrotkernmehl
— Kakaopulver zum Bestäuben

1 Die Kaffeebohnen in den Mixer geben und bei hoher Stufe 20 Sekunden grob mixen. In eine Schüssel geben, 450 ml Wasser dazugießen und über Nacht ziehen lassen.

2 Am nächsten Tag den Kaffee durch ein Haarsieb in eine Schüssel gießen. Die Kokosraspel mit den restlichen 350 ml Wasser im Mixer auf höchster Stufe 1 Minute mixen. Die Flüssigkeit durch einen Nussmilchbeutel drücken (siehe S. 10). Die Datteln halbieren und entsteinen.

3 Den kalten Kaffeeauszug mit dem Kokosdrink in ein sauberes Mixglas geben. Vollrohrzucker, Kakaobohnen, Kakaopulver, Datteln und Johannisbrotkernmehl dazugeben und zunächst auf niedriger Stufe, dann auf hoher Stufe schaumig mixen, bis der Drink warm ist. Auf Gläser verteilen und mit Kakaopulver bestreuen.

**BITTE
WARTEZEIT
BEACHTEN**

FRIENDS FOREVER Im Urwald, wo Kaffee und Kakao ursprünglich herkommen, sieht man die beiden Pflanzen noch heute nebeneinander wachsen: der schöne, weise und alt wirkende Kakaobaum mit seinen gelbroten Früchten und der kleinere Kaffeestrauch mit den knallroten Beeren. Sie scheinen dort gute „Freunde" zu sein. Bei uns ist die Verbindung auch beliebt: ein Stück Schokolade zum Kaffee oder Schokolade mit Kaffeegeschmack. Immer wieder schaffen es die beiden Muntermacher – wie in diesem Drink – gemeinsam auf die Bühne!

SCHOKO-KAFFEE-MELANGE

EIN MUSS FÜR NUGAT-FANS

HOT-CHOCOLATE-SCHOCK

FÜR CA. 0,5 LITER:
— 150 g Levantiner Haselnüsse
— ½ l Wasser
— 20 g Kakao-Nibs (siehe S. 19)
— 2 EL schwach entöltes
   Kakaopulver
— 3 EL Vollrohrzucker
   (oder brauner Zucker)
— Muskatnuss zum
   Bestäuben

1 Die Nüsse in einer beschichteten Pfanne ohne Fett rösten. Kurz abkühlen lassen, dann mit dem Wasser in den Mixer geben und zunächst auf niedriger Stufe, dann auf höchster Stufe 2 Minuten mixen. Die Masse durch einen feinen Nussmilchbeutel (siehe S. 10) ausdrücken.

2 Kakao-Nibs, Kakaopulver, Vollrohrzucker und Haselnussdrink im Mixer zunächst auf niedriger Stufe, dann auf höchster Stufe 4 Minuten heiß mixen. Auf Tassen verteilen und jeweils etwas Muskatnuss darüberreiben.

GO NUTS! Nugat besteht zum Großteil aus Haselnüssen – und wird von fast jedem geliebt! Der Trick bei diesem Drink ist, dass die Nüsse geröstet werden. Dies lässt ihr elegantes Aroma so richtig zur Geltung kommen und versetzt uns zurück in Kindertage, in denen wir uns die weniger gesunde Nugatcreme aufs Brot geschmiert haben. Die Haselnuss galt schon immer als Symbol der Fruchtbarkeit, und in Kombination mit Muskatnuss, die im Orient für aphrodisierende Elixiere verwendet wird, ist dies eine spannende Verschmelzung.

HOT-CHAI-LATTE

FÜR CA. 1 LITER:

— 50 g Cashewkerne
— Wasser zum Einweichen
— 850 ml Wasser
— 50 g loser schwarzer Tee
  (bevorzugt Assam)
— 50 g Ingwerwurzel
— 1 TL Zimtpulver
— 5 schwarze Pfefferkörner
— ½ TL Nelkenpulver
— 1 TL Vanillepulver
— 2 TL gemahlener Kardamom
— 4 EL Kokosblütenzucker

1 Die Cashewkerne in einer Schüssel in reichlich Wasser 4 Stunden einweichen. Anschließend in ein Sieb abgießen.

2 Den Tee in 850 ml kaltes Wasser geben und 1 Stunde ziehen lassen. Den Ingwer schälen und klein schneiden.

3 Den kalten Teeauszug durch ein Haarsieb in den Mixer gießen und mit den Cashewkernen und dem Ingwer in den Mixer geben. Zimt, Pfefferkörner, Nelken- und Vanillepulver, Kardamom und Kokosblütenzucker dazugeben und alles zunächst auf niedriger Stufe, dann auf höchster Stufe 3 Minuten schaumig und heiß aufschlagen. Auf Gläser verteilen und sofort servieren.

TEATIME Assamtee aus Sri Lanka wird gerne für gekochte Masala Chai benutzt, da er nicht so schnell bitter wird wie z.B. Darjeeling aus dem nordindischen Anbaugebiet. Für den Kaltauszug kann man beide Sorten verwenden, wobei Darjeeling zitrusartige Aromen in sich trägt, Assamtee einen milden und „goldigen" Geschmack.
Im Gegensatz zu heißen Aufgüssen bleibt die goldene Farbe von Schwarztee bei kalten Aufgüssen erhalten.

BITTE
WARTEZEIT
BEACHTEN

LAVENDEL-„MILCH" MIT KAMILLE

FÜR CA. 1 LITER:

— 900 ml Cashewdrink
  (Grundrezept siehe S. 23)
— 6 Kamillenblüten
— 4 EL Ahornsirup
— 20 Stiele frische Lavendelblüten oder 2 EL getrocknete
  Lavendelblüten
  (aus der Apotheke oder
  dem Teeladen)

1 Den Cashewdrink mit den Kamillenblüten und dem Ahornsirup in den Mixer geben und zunächst auf niedriger Stufe, dann auf höchster Stufe 4 Minuten mixen, bis die „Milch" heiß ist.

2 Die frischen Lavendelblüten mit dem Kopf nach unten in die „Milch" stellen (oder die getrockneten Blüten in ein Haarsieb füllen) und etwa 6 Minuten darin ziehen lassen.

3 Den Lavendel herausnehmen und den Smoothie am besten warm vor dem Schlafengehen genießen.

TRÄUM SCHÖN! Die Lavendel-„Milch" wirkt mit ihrem Duft und ihren Inhaltsstoffen nicht nur beruhigend und heilsam bei Erwachsene, auch Kinder reagieren genauso auf diesen Zauber-Schlaftrunk. So ist eine erholsame Nacht mit erfrischenden Träumen garantiert.

GESUNDER
SCHLAF
IM GLAS

POWER-DRINKS – HOT & COLD

BLUTORANGEN-PFLAUMEN-TEE

FÜR CA. 1 LITER:

— 3 große Pflaumen
— 2 Blutorangen
— 1 geh. TL Zimtpulver
— 2 EL getrocknete Physalis
— 8 EL Ahornsirup
— 600 ml kochendes Wasser

1 Die Pflaumen waschen, halbieren und entsteinen. Die Blutorangen so großzügig schälen, dass auch die weiße Haut mit entfernt wird. Dann die Orangen halbieren und die Kerne entfernen.

2 Pflaumen, Orangen, Zimt, Physalis und Ahornsirup in den Mixer geben und zunächst auf niedriger Stufe, dann auf mittlerer Stufe 20 Sekunden grob zerkleinern. Das gemixte Fruchtfleisch auf vier Teegläser oder -tassen verteilen und mit kochendem Wasser aufgießen.

UNSER SAISONKALENDER

Wann gibts wieder frisches Grün? Jedes Jahr können wir es kaum erwarten, endlich wieder duftende Kräuter und essbare Blüten in den Mixer zu geben! Dabei hilft der Saisonkalender: Ein Blick, und wir wissen, wanns losgeht! Doch die Natur hat ihre eigenen Gesetze – sie hält sich nicht überall an Kalender! Mal sind die Sommer länger, mal kommt das Frühjahr schon im Winter, mal fällt der Winter ganz aus – es lohnt sich, die Natur im Auge zu behalten. Auch die Fruchtbarkeit des Bodens spielt eine Rolle. Wenn also die ersten frischen Kräuter sprießen, gibt es kein Halten mehr. Egal, was der Kalender sagt!

	J	F	M	A	M	J	J	A	S	O	N	D
ALOE VERA	J	F	M	A	M	J	J	A	S	O	N	D
BEIFUSS						J	J	A	S			
BORRETSCH					M	J	J	A	S			
BRENNNESSEL			M	A	M	J	J	A				
FRAUENMANTEL			M	A	M	J	J	A	S	O		
GÄNSEBLÜMCHEN			M	A	M	J	J	A	S	O	N	
JOHANNISKRAUT						J	J	A	S			
KAMILLE			M			J	J	A				
KAPUZINERKRESSE						J	J	A	S			

KLEE			M	J	J	A	S		
KORNBLUME				J	J	A	S	O	
LAVENDEL					J	A			
LÖWENZAHN		A	M	J	J	A			
MALVENARTEN				J	J	A			
PIMPINELLE			M	J	J	A			
RINGELBLUME				J	J	A	S	O	
ROSE (HECKENROSE)			M	J	J				
SAUERAMPFER			M	J	J	A			
SCHAFGARBE			M	J	J	A	S	O	
SPITZWEGERICH		M	A	M	J	J	A	S	O
TAGLILIE					J	A			
ZITRONENVERBENE				J	J	A	S	

REGISTER

LITERATURHINWEIS:

Als Quelle für die Kräuterporträts und den Saisonkalender dienten das Buch „Enzyklopädie – Essbare Wildpflanzen" (AT Verlag) sowie die App „Essbare Wildpflanzen" für Mobilgeräte. Ein weiteres, sehr hilfreiches Buch in Bezug auf Kräuterwissen, ist „Heilkräuter aus dem Garten Gottes" von Maria Treben (Ennsthaler Verlag).

BEZUGSADRESSEN:

Die Zutaten und Superfoods (z.B. Acaipulver, Chlorella, Spirulina etc.) für die Drinks sind in der Regel gut erhältlich, viele bekommt man in Bioläden oder auch über spezielle Internetanbieter wie z.B. Keimling (www.keimling.de).
Die für den Weizengras-Bananen-Smoothie benötigte Weizengras-Matte kann man über www.mein-weizengras.de beziehen.
Der Hanfsaft für den Ananas-Zucchino-Smoothie ist z.B. bei Valentine & Rose (www.valentinrose.de) erhältlich.

DANKE:

Ein großes Dankeschön von Judith und Surdham geht an Keimling für die freundliche Unterstützung der Fotoproduktion. Keimling Naturkost ist seit über 30 Jahren Spezialist für vegane und rohköstliche Produkte in Premium-Qualität. Neben Hochleistungsmixern, Saftpressen und Dörrgeräten ist alles für eine abwechslungsreiche, vitale Küche im Angebot: Trockenfrüchte und Nüsse, Superfoods, Greenfoods, Nahrungsergänzungsmittel und vieles mehr. Aus ökologischem Landbau und in veganer Rohkost-Qualität.

DIE AUTOREN

JUDITH GÖB

Judith kann seit ihrer Reise nach Costa Rica keine Lebewesen mehr essen und verzichtet auch auf Milchprodukte. Sie lernte schon von ihren Omas viel über gesunde Ernährung und Kräuter, ist ausgebildete Fotografin und Yogalehrerin, hat diverse Auslandsaufenthalte hinter sich und guckte sich viele Tricks von wahren „Wunderköchen" ab. Auch von anderen Meistern hat sie sich inspirieren lassen, z.B. von einem einzigartigen Yogalehrer am Strand von Indien. Der größte Meister ist für sie allerdings die Natur selbst.
www.samadhi-yoga.de

SURDHAM GÖB

Wellenreiten, Snowboarden und Laufen. Der aktive Veganer kocht leidenschaftlich seit 30 Jahren und lebt aus Überzeugung seit 25 Jahren rein vegan, hat weltweit Erfahrungen gesammelt, 16 Jahre lang als Chefkoch, z.B. im „Zerwirk Restaurant" und im „Tushita", beide in München, sowie im „Blossoming Lotus" auf Hawaii und im „Millennium" in San Francisco. Presse und Gäste sagen über ihn, dass seine Kochkunst Zauberei gleicht, so leicht, geschmeidig und liebevoll geht er mit der Nahrung um. Heute lebt er für seine Catering-Firma „Surdhams Kitchen", gibt vegane Kochkurse, hält Vorträge über vegane Ernährung und nachhaltige Lebensführung und berät Gastronomiebetriebe in puncto veganer und biologischer Speisen.
www.surdhamskitchen.com

UND DER FOTOGRAF: OLIVER BRACHAT

Oliver Brachat arbeitet als erfolgreicher Still-Life-Fotograf in seinem eigenen Studio in Düsseldorf. Als gelernter Koch und Patissier mit langjährigen Erfahrungen in der internationalen Gastronomie, schafft er mit seinem kreativen Auge außergewöhnliche Fotografien mit viel Liebe zum Detail. Sie sind vielfach preisgekrönt und erscheinen regelmäßig in renommierten Zeitschriften und in Kochbüchern.
www.oliverbrachat.de